フランス気分。

20年くらい前だったと思います。そのころはパリコレに仕事で通っていました。コレクション会場はデザイナーたちのイメージを体現する場所でもあります。ですから、必然的にパリ市内を隅々まで案内してくれるオリエンテーリングのようでした。

そんなコレクションで連れて行かれた場所の近くをショーや展示会の合間に散歩するのが好きでした。小さな雑貨屋さんを覗いたり、蚤の市のようなところに足を運んだり、ガイドブックには載っていない場所もたくさん見ていたのだと思います（というのもそもそもガイドブックを見ていないので）。

このミトンもそんな散策の合間に見つけた物でした。記憶でしかないのですが、おそらくデザイン事務所が自分たちでデザインした雑貨を販売しているというような雰囲気でした。奥でデザインをして、お客さんが来るとスタッフが対応する、そんなお店だったと思います。キッチン用品が色々あって、そこでこのミトンとエプロンを買いました。

一目瞭然なフランス気分がそこにあったからです。濃い赤い生地と濃い青の生地プリントは白を名にやはり濃い赤と濃い青という潔い色。

右と左のフランス語「GAUCHE」と「DROIT」がドンというデザインも潔い。一目で気に入りました。

トリコロールは「自由・平等・友愛」の象徴とも言われますが、どうやら俗説のようですね。それでもトリコロールにはフランスらしい自由を感じてしまいます。そんな気分を日々日常で感じられるミトンとエプロンは家の中でも好きなもののひとつです。汚れていますし、焦げたところもあります。もっとぼろぼろになって使えなくなるまでは使っていきたいもののひとつでもあるのです。いつの間にか、キッチンになくてはならない（そんな意識さえない）日常の一部になっていたのですね。

All photography,
Text by Toru Kitahara

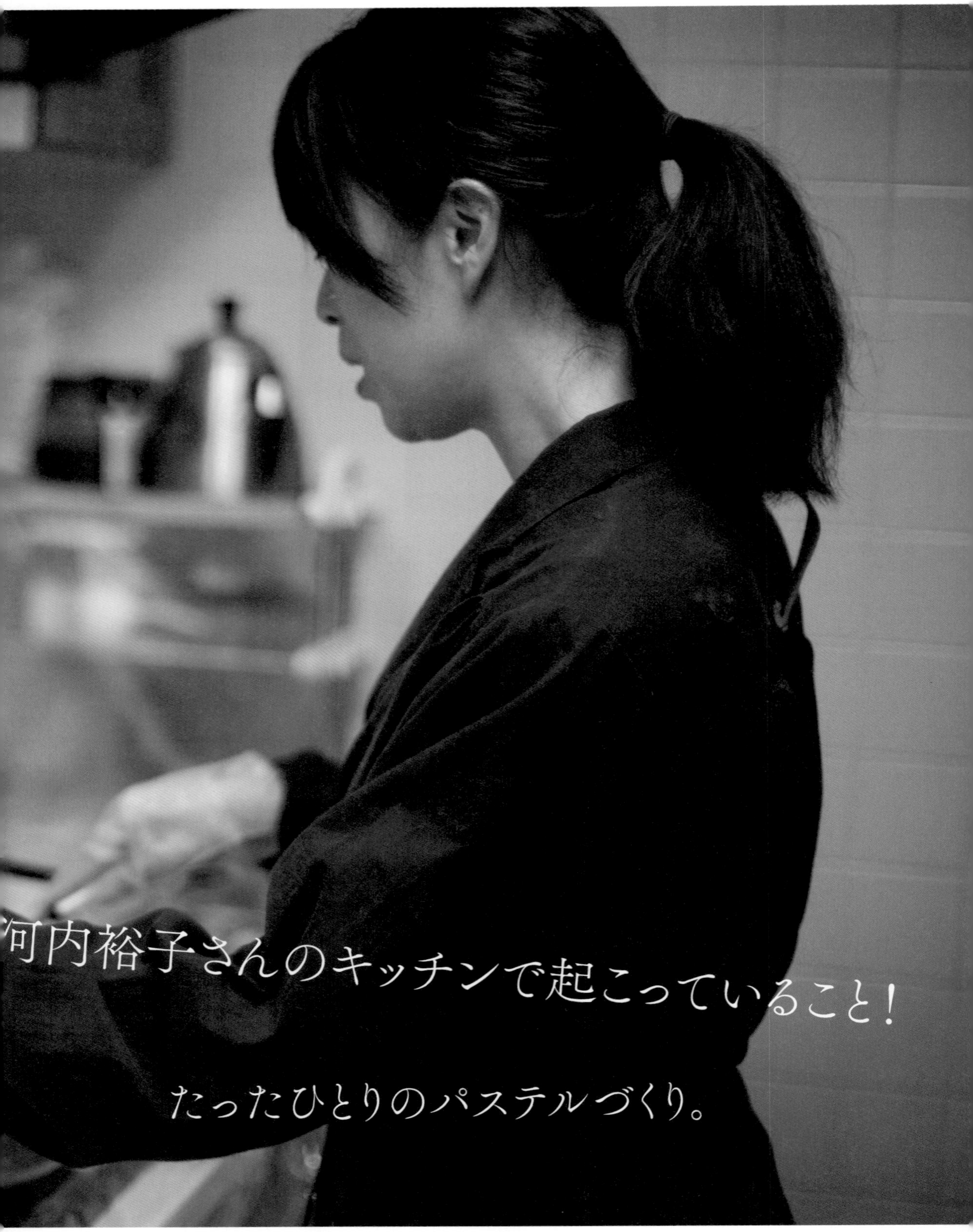

河内裕子さんのキッチンで起こっていること!

たったひとりのパステルづくり。

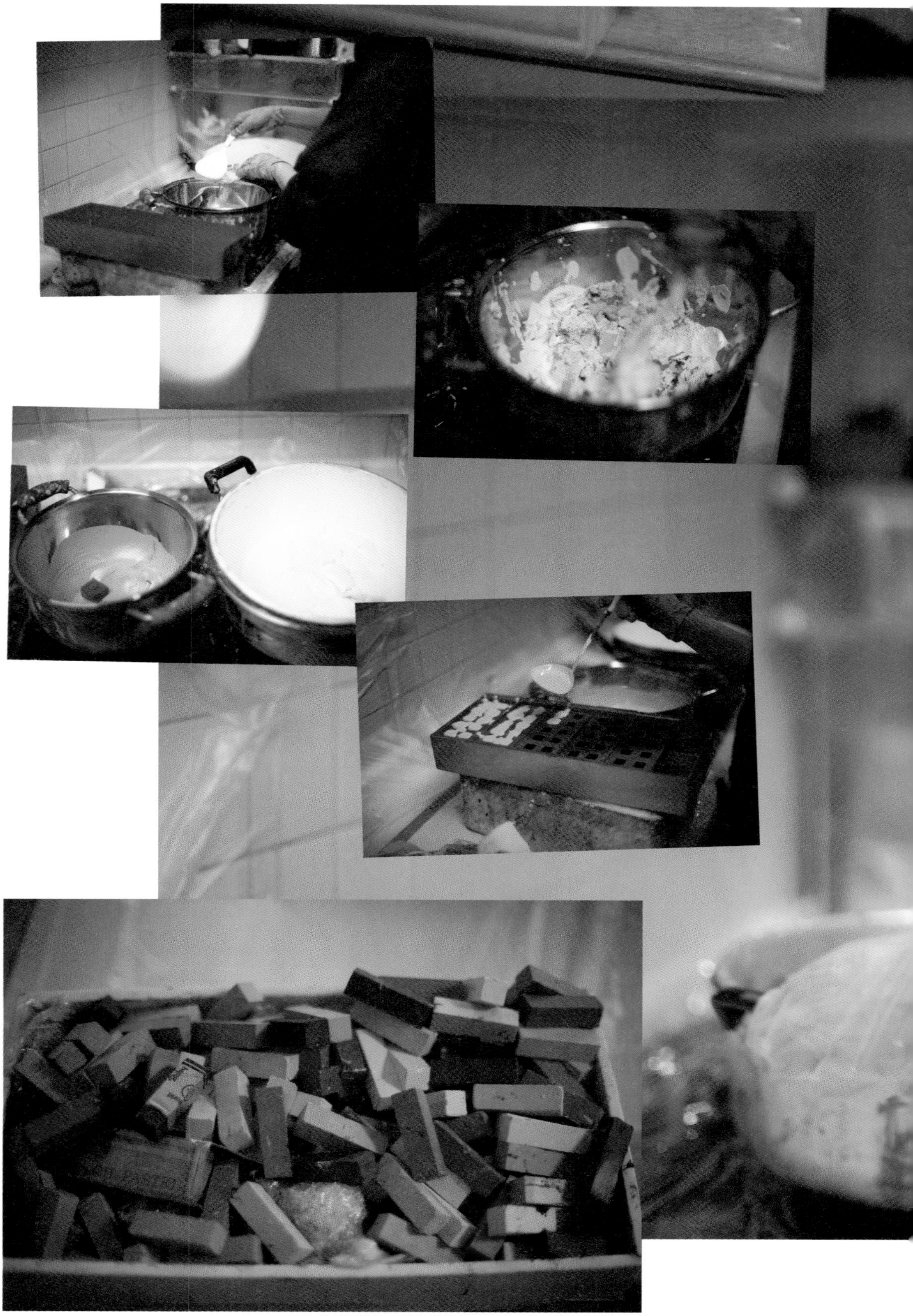

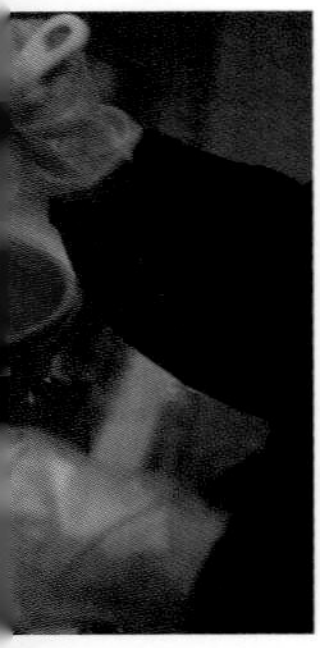

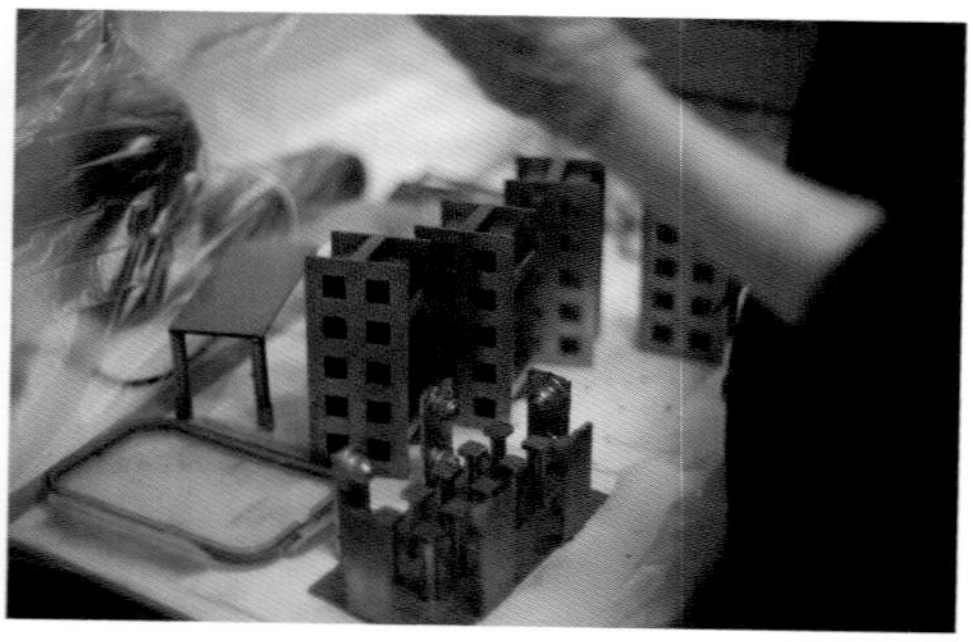

このお話は本来ならば1号でご紹介するものでした、と少し後悔しています。

なぜ1号か、と申しますと、このThisの顔である表紙を考えていたときからのお話。

タイトルロゴは雑誌にとって顔でありできれば、内容までが透けて見えるものにしたいものです。Thisというタイトルは数年前に商標を取っていて、とても身近な存在にしたいという雑誌への想いもあり、ピッタリ！　と思って制作をスタートさせました。

ページはなんとかできあがっていくのですが、どうしてもタイトルロゴができません。鉛筆や太い芯の鉛筆、ダーマトグラフ（鉛筆型でワックスを多く配合している色鉛筆）やサインペン、割り箸を削って描いてみたり、と手を替え、品を替え描いてみますが、どうしてもうまく描けません。そんなときに思い出したのが、河内裕子さんの「BIG OIL PASTEL」でした。なぜ持っているかというと以前、下町居酒屋散策を画家の平尾香さんに誘われて行ったとき、ご一緒したのが河内さんで、そのとき絵描きでもないのに試してみてくださいとお預かりしたのが、この「BIG OIL PASTEL」だったのです。

最初はこのペンの特性を考えずに線画きしてみたのですが、普通でした。ですが、この大きな軸をいい加減に動かしたら、もう

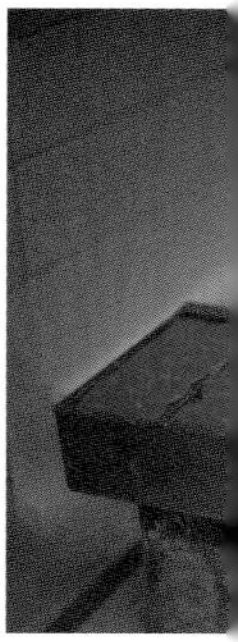

BIG OIL PASTEL
Baby

少し変わった(まるで自分が自動筆記させられているような)字が描ける気がしてやってみたのです。

今までの悩みが一挙に解決！　この「This」のお顔にふさわしい素敵な題字ができたのです。

そんなお礼を兼ねて、また平尾画伯を呼び出して、河内さんと居酒屋に行きました。河内さんのお話を伺っているとビックリしたことがあったのです。それは……。

「オイルパステルは家でつくっています」

とのことでした。なんともびっくりというか、そもそも河内さんのご実家は関西でも有名な画材店「KAWACHI」(大正9年創業!)だったのでそこでつくっているのでしょうと思って、それとなく聞いたら、マンションのキッチンでつくっている、とおっしゃるではないですか！　オイルパステル(本稿ではクレヨン、クレパスではなく、オイルパステルと表記します)ってお家の、それもキッチンでつくれるの？　という素朴な疑問から拝見させていただきにあがりました。

さて、日にちを決めて伺います。河内さんのご自宅は都内にあるごく普通のマンションでした。早速キッチンを拝見すると、しっかりとビニールのシートと養生テープで防御されたキッチンがありました。湯煎をして、ワックスと色の材料を混ぜているとこ

ろでした。
面白い、と言っては失礼ですが、使っている道具は最後の型入れを抜いて、ほとんどがキッチン用品！　何も特別なことをしていません。お鍋に水を入れ、火にかけて、そこにボウルを入れて、オイルパステルの材料を湯煎します。混ぜたり掬ったりはおたまです。中に極彩色のオイルパステルがなかったら、まるっきりお料理と変わりません。

ここで、少し疑問がありましたので、質問しました。オイルパステルって誰でもこんな風に家でできるものなのでしょうか、と。

「最初は大手の画材メーカーさんに自分の中にあった「ＢＩＧ ＯＩＬ ＰＡＳＴＥＬ」をつくってもらおうとしたのですが、生産数の問題や型の問題などがありました。他のメーカーさんも同じ反応だったのです」

一朝一夕にできるわけではなく、河内さんは足を運んだそうです。

「電話ではできないと断られながらも、次の日に片道４時間半かけて日帰りで工場見学をさせてもらい、メーカーさんでできないなら私がつくってみます！　と鼻息荒くお話したら、勢いに押されて協力してくださるようになったのです」

紆余曲折ありながら、オイルパステルを自分の手でつくるようになったというわけです。

河内さんのオイルパステルづくりのスタートは「ＢＩＧ ＯＩＬ ＰＡＳＴＥＬ」でしたが、子どもたち、そして大人にも自分の色を見つけて欲しいという願いから、１００色のオイルパステルをつくるようになりました。その名も「ＢＩＧ ＯＩＬ ＰＡＳＴＥＬ Ｂａｂｙ」です。大きいオイルパステルの小さい版です。

「ベビーもジャンボも同じなのですが、同じ色をつくることをしていません。レシピをとっておかないようにしているからです。どんな色になるかある程度の予測はしますが、同じ色をつくらないで、一回ごとに１００色つくったらそれでおしまいにしています」

河内さんのオイルパステルの色は本当に微妙な色の変化やグラデーションが楽しめるものになっています。少しぐらい色の調合に失敗してもそれは失敗ではなく新しい色の提案になります。それに色に失敗も何もありません。だって自然界にはいろんな色が溢れているからです。その色をつくることも大事でしょうし、河内さんのオイルパステルの中から見つけることも大事だと思います。当たり前のことですが、絵を描くというイマジネーションに色はとても重要な要素になります。１００色に彩られた

オイルパステルの中に自分だけの色を見つけられたら、と考えるとワクワクします。

一緒にしたら失礼になるかもしれませんが、筆者もファッション写真を撮っていて、データを残さないようにしています。それは同じ写真を再度撮る必要性を感じていないからです。毎回毎回の服やモデルさん、スタッフによって似たことはするけれど、同じにするより偶然を含めた新しさを求めているからです。

色のバリエーションの多さにばかり目がいってしまいましたが、河内さんのオイルパステルづくりは金型づくりも四苦八苦だったようです。

「今でもジャンボは手づくりの型ですが、100色のベビーは金物屋さんに何度も修正をしながらつくった金型です」

この金型はとても美しく、素敵なものでした。

河内さんのつくり出す色の世界は100色であって、100色ではありません。最初の100色の販売から既に3回目。既に300色あるということです。

決められた色を使うのではなく、自分だけの色を求める人には、絵を描く可能性をどこまでも広げてくれることでしょう。

河内さんのオイルパステルは今日もマンションのキッチンから生まれています。

川雅子さんがつくるAPOCのパンケーキはパリのお惣菜屋さんの匂いがします。

好きな食べ物は？　と問われると困る性格の人はたくさんいると思います。人によっては本当に好きな食べ物がないのかもしれません。ですが、ほとんどの人は好きな食べ物が多すぎて答えられないのではないか、と思うのです。

ときどき、本物を食べた後で、その美味しさの本当の意味がわかることもあります。いくつかの経験から申し上げますと、雲丹を初めて食べたとき、ミョウバンの匂いがどうしてもダメで好きになるどころの話ではなかったと記憶があります。ですが、初めて北海道に行って市場で雲丹を騙されたと思って(と売っている方に言われました)食べてみたら、本当に美味しくて、それ以来好きな食べ物になりました。ホヤも何度食べてもその美味しさが分かりません。ですが、陸前松島の漁港でこれまた騙されて食べた、捌いたばかりホヤを塩水で洗って食べたときのホヤの美味しさは今でも忘れられません。

子どもの頃からどうしても嫌いだったレバーも養鶏所から直接仕入れているという高原にあった民宿に泊まり、お刺身で食べたときから大好物に変わりました。

本物に出会うと味覚が変わる、ということはあると思っています。ですから先入観を持たずに料理とは接していたいと思うのです。

パンケーキも好きな食べ物ではありませんでした。考えてみると「粉なもの」と言われるものはあまり好きではなく、お好み焼きもたこ焼きも決して自分からは食べたいとは思いません。

そんなある日、大川雅子さんのパンケーキに出逢います。連れて行ってくださったのはF・O・B COOPの益永みつ枝さんです。FOB CAFÉ(1988年スタート)のオープニングスタッフが大川さんで、長い仲です。みつ枝さん(益永さんだけは「みつ枝さん」と呼ばせてください)は大川さんのパン

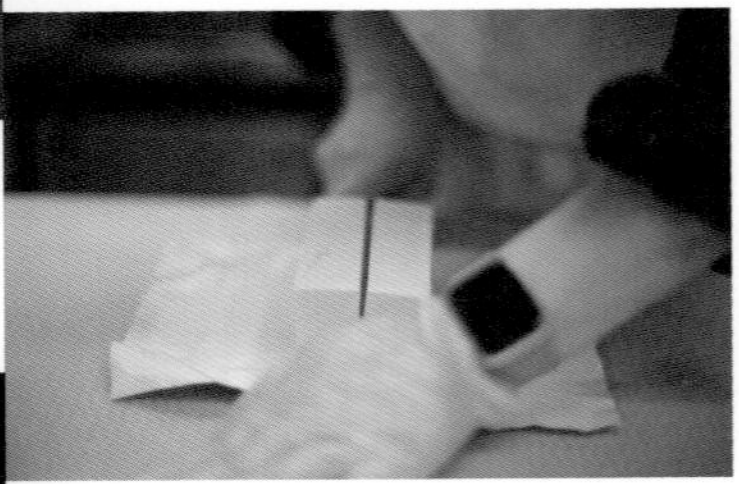
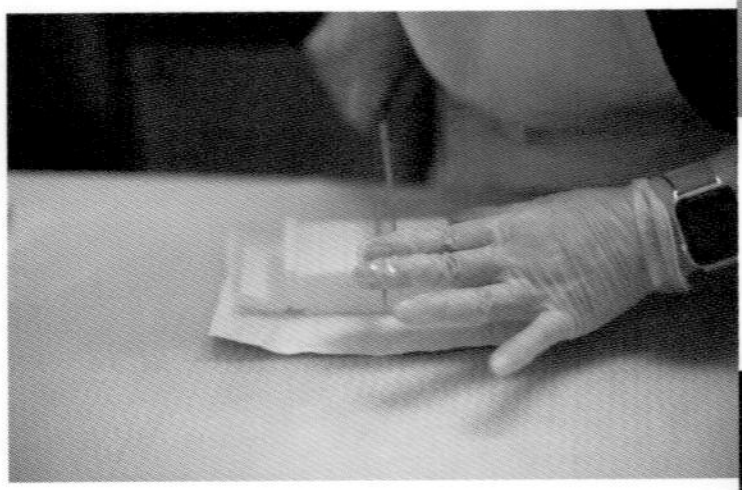

ケーキをこんな風にご紹介してくださいます。

「初めてAPOCのパンケーキを食べた時…　パリのお惣菜屋さんを思い出した。ガラスのOpenケースに量り売りのトレーに入ったお惣菜が並んで居るレジ横の角に小さく丸く薄いパンケーキが高く積み重なっていて、買った最後に何枚要る?と聞いて、付けてくれるの。お惣菜を挟んだりして食べる…　パンじゃなく、ホットケーキやクレープで無く、少し塩味のそれが、クリーム苦手な私のパリの軽食だったのよね〜。マチャコ(大川さんのことです)のパンケーキはまさしくそのシーンを思い出し、パンケーキはこれが正道と。　自分の具合で好きに調整出来て、身体に良いものは美味しいのよね」

目の前に出していただいたパンケーキはAPOCでは一番人気のプレート。パンケーキが2枚。1枚にはベーコンと目玉焼き、もう一枚には生クリームが載っています。他にはカットレモンと

バターが2切れ、メイプルシロップもサイドにあります。
APOCならではなのでしょうか？　唐辛子が配合されたスパイスミックスも添えられています！

おすすめの食べ方はありますが、これはAPOCで直接大川さんかお店のスタッフから聴いたほうが楽しめると思います。

食べた感想を一言で表すなら、「本物に出会い、一気に好きになりました」です。好きではなかったものが大好物になる瞬間でした。

みつ枝さんのおっしゃる通りで何枚でも食べられそうな、とても軽い食感、甘さを極力控えているから、ベーコンも合うし、生クリームも合います。バターの味もしっかり感じられて、口の中で溶ける醍醐味があります。スパイスもこのパンケーキには納得の刺激。ワンプレートに大きな食の世界が繰り広げられているようです。

大好きになったパンケーキづくりを一日拝見してたというわけです。

大川さんは兎にも角にもパンケーキを焼き、ベーコンを焼き、アイシングをして、生クリームを混ぜて載せています。手際はもちろんですが、「冷めるとパンケーキが可哀想でしょ」と何気なく出た言葉に我が子のような愛情を注いでいるのがわかりました。

実は面白いと思ったのは、大川さんが一人でもできるように、

APOCのインテリアはかわいい。とても参考になります。

いろいろなものを前もってセットしていることでした。コーヒーはいつでもすぐに淹れられるように、ペーパーフィルターの上に必要な分量のコーヒーをセットしてラップを乗せ、いくつか積み重ねて大きな缶に入れています。バターも切れたものを使っているのではなく、包丁で丁寧に切って、容器にきちんと整理して置かれています！

大川さんの性格なのだと思いましたが、それでも可愛いお店をつくりあげるにはこうしたところにセンスが現れるのだと思います。

憧れのキッチンの必須アイテムフランスはロジェールのコンロはベーコンを焼くときの必需品。道具もとても美しいものばかりです。

美味しいものは美しいキッチンからできるのだなぁ、と思いました。

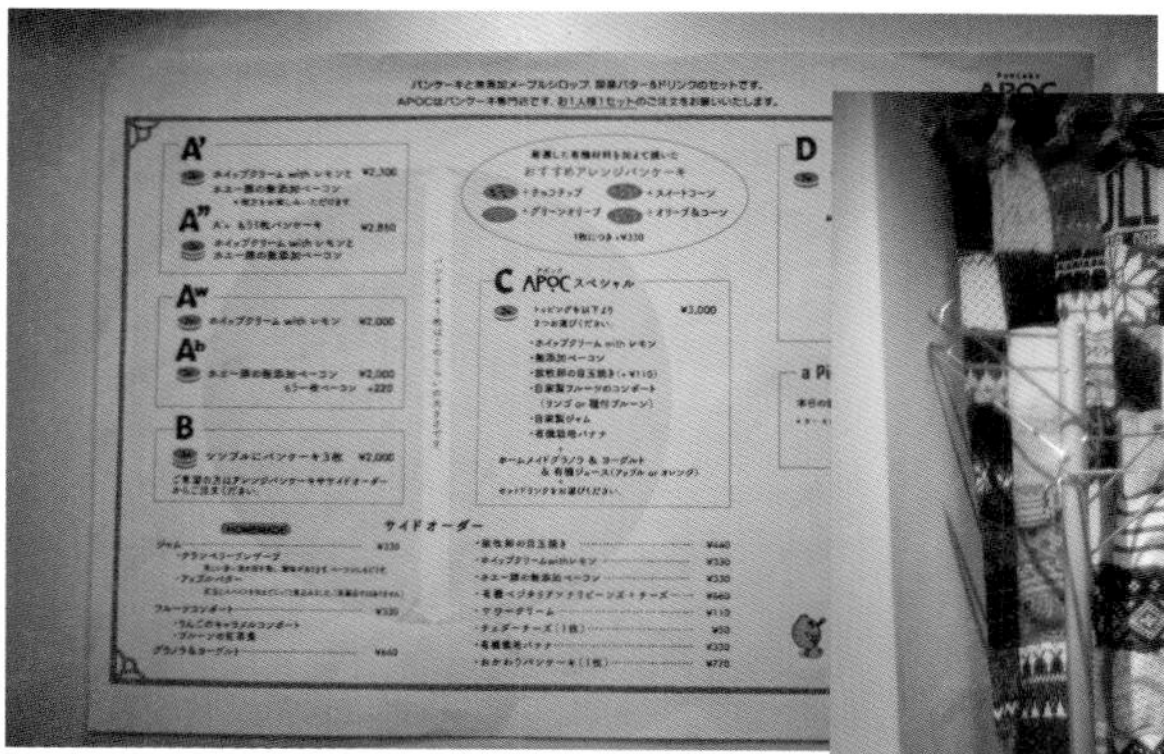
パンケーキと無添加メープルシロップ、発酵バター&ドリンクのセットです。
APOCはパンケーキ専門店です。お1人様1セットのご注文をお願いいたします。
A'
ホイップクリーム with レモンと ¥2,300
A''
¥2,850
A^w
ホイップクリーム with レモン ¥2,000
A^b
¥2,000
B
シンプルにパンケーキ3枚 ¥2,000
おすすめアレンジパンケーキ
+チョコチップ
+スイートコーン
+グリーンオリーブ
+オリーブ&コーン
C APOCスペシャル
¥3,000
・ホイップクリーム with レモン
・無添加ベーコン
・自家製ジャム
・有機栽培バナナ
ホームメイドグラノラ & ヨーグルト
& 有機ジュース(アップル or オレンジ)
D
a Pi
HOMEMADE
サイドオーダー
フルーツコンポート ¥330
グラノラ&ヨーグルト ¥660
・ホイップクリームwithレモン ¥330
・チェダーチーズ(1枚)
・おかわりパンケーキ(1枚) ¥770

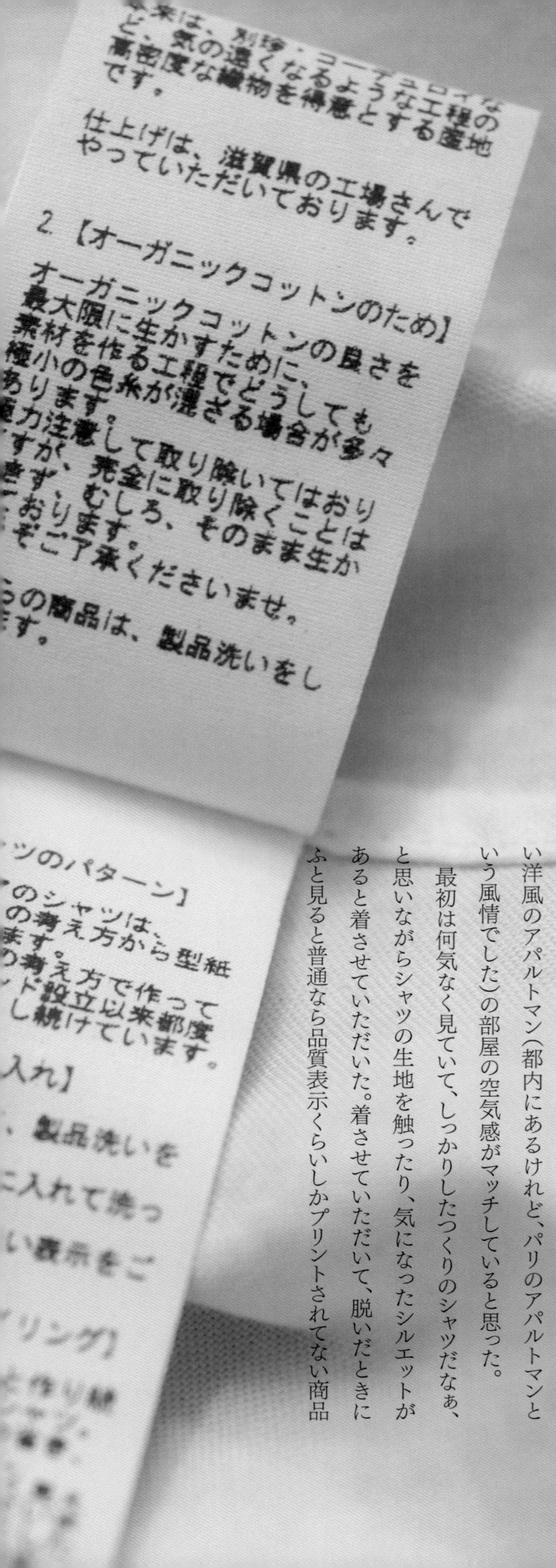
染は、別珍・コーデュロイな
ど、気の遠くなるような工程の
高密度な織物を得意とする産地
です。
仕上げは、滋賀県の工場さんで
やっていただいております。
2.【オーガニックコットンのため】
オーガニックコットンの良さを
最大限に生かすために、
素材を作る工程でどうしても
極小の色糸が混ざる場合が多々
あります。
力注意して取り除いてはおり
すが、完全に取り除くことは
きず、むしろ、そのまま生か
ております。
ぞご了承くださいませ。
の商品は、製品洗いをし
す。
ツのパターン】
のシャツは、
の考え方から型紙
ます。
の考え方で作って
ド設立以来都度
し続けています。
入れ】
、製品洗いを
に入れて洗っ
い表示をご
リング】

成田加世子さんのシャツからは、優しい言葉が聴こえます。

洋服を買うとき、接客があるのはとても大事なことだとずっと思っている。接客は時に客である自分を緊張させることもあるけれど、それでも買いたいと思う服のことを少しでも知ってから買いたいと思う。もちろん、袖を通したり、履いてみたときのシルエットや着心地は重要なんだけれど。

成田加世子さんのブランド「Ａｔａｒａｘｉａ（アタラクシア）」の服を初めて見たのは２０２１年の秋になろうかという頃のことだった。画家の平野傑さんにお誘いいただき、展示会に伺った。成田さんのつくるシンプルでストイックなシャツの世界と、古い洋風のアパルトマン（都内にあるけれど、パリのアパルトマンという風情でした）の部屋の空気感がマッチしていると思った。

最初は何気なく見ていて、しっかりしたつくりのシャツだなぁ、と思いながらシャツの生地を触ったり、気になったシルエットがあると着させていただいた。着させていただいて、脱いだときにふと見ると普通なら品質表示くらいしかプリントされてない商品タグの横に何やら文章が書かれているではないか！　気になって読んでみたら、さあ大変！　なんと文字通り商品タグといっても良いというくらいに商品のことを書いていらっしゃる！

成田さんのシャツは一見なんの変哲もないオーソドックスなシャツ。だけれど、比翼仕立てのボタンを隠す生地の付け方がよく見るタイプと逆につけてあったり、前と後ろ両方にボタンがついていて、どちらでも着られるようになっていたりと、目立たないところで使い勝手を考えたデザインになっている。ちょっと玄人好みな感じさえするのだ。そこにこの商品タグである。

オーガニックコットンであるなら、それだけをオーガニックシャツと書けば良いだけだが、オックスフォードであること、毛羽を焼いて処理をして表面に毛羽がないことなどを素材として書いている。それだけではなく、日本のどこの工場で織られたか、縫製はどこか、までを明記している。他にもシルエットのことが書かれていたり、中にはコーディネートの提案があるものもある。まるでお店に入って店員さんから、「このシャツは木綿の生地づくりで有名な遠州で織られて、オーガニックコットンのオックスフォード地の毛羽を焼いて処理しているので、触り心地も滑らかになっています。細かいデザインでは……」と続き、服の良さを余す

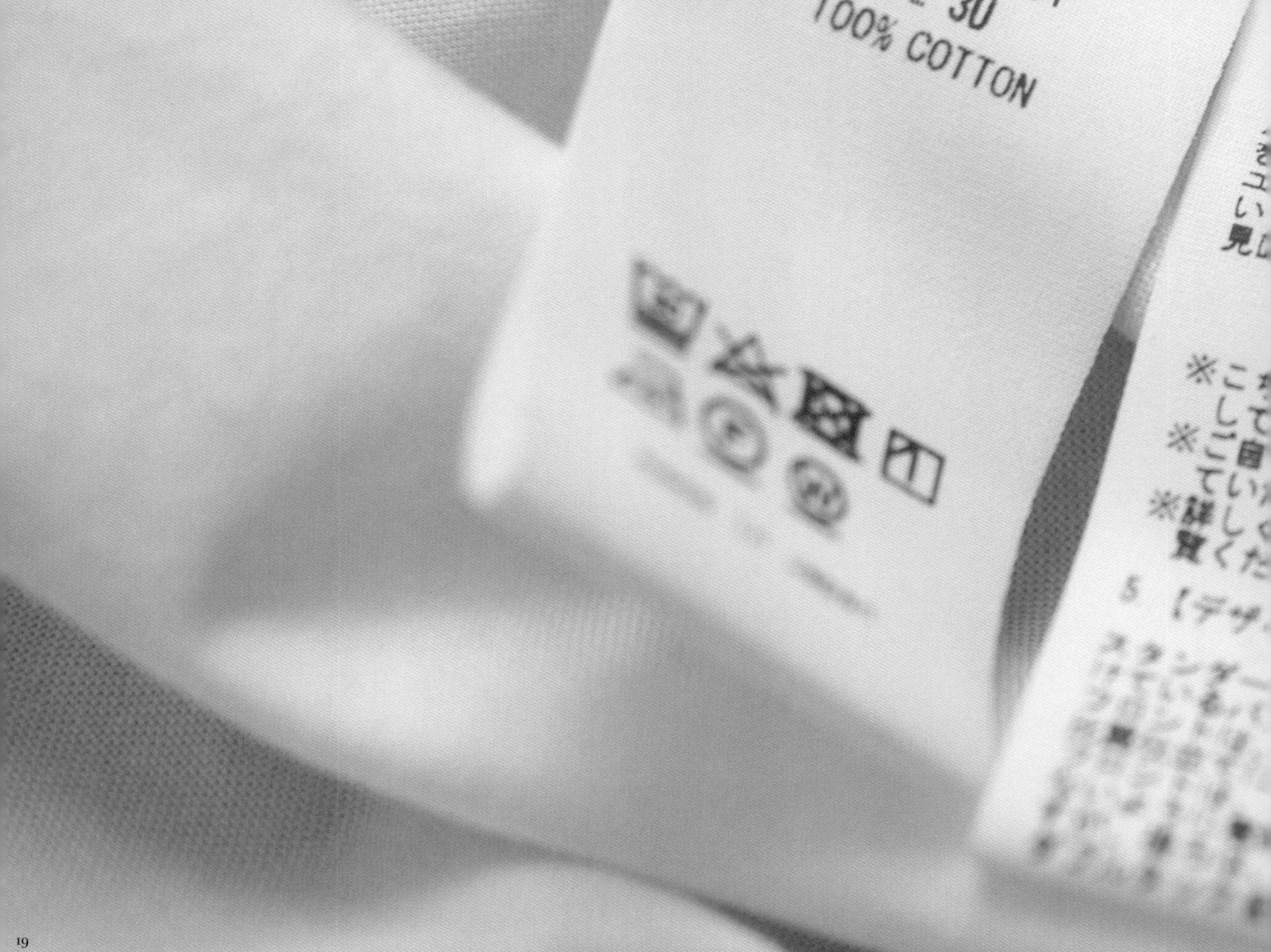

ことなく教えてくれるようなのだ。

「100年後、どこかのヴィンテージショップで未来の誰かがこの「Ataraxia」のシャツを見ている。そのシャツの裏側の脇を何気なく見たとき、このシャツは、このブランドは何を目指していて、これをつくりあげるのに誰がかかわっていたのかが時空を超えて透けて見えてくる……。こんなシーンを思い巡らせながらブランドネームも、「merci」のネームも商品説明ネームもつけています」

成田さんの想いがシャツからいつの間に飛び出して、身に着ける者に届いていくのだろう。

RAPID CLEANER

刃物と砥石の老舗
「森平」の小黒章光さんに
包丁研ぎを教えていただいた。

ぼくの母は生涯、何本の包丁を持ったのだろうか?

ぼくの記憶では一本の菜切り包丁しか見たことがなかった。出刃包丁や文化包丁は好きではないという言葉も耳に残っている。母の包丁はいつも怖いほど切れた。包丁というよりカッターナイフや剃刀の刃のように薄く、鋭利であったのだ。だから、母はぼくの幼い頃、包丁を触ってはいけないと教えてくれた。きちんとした恐怖心を教えてくれたのだと思う。

その包丁は今では残っていないけれど、菜切り包丁にしては幅(腹の部分)はやや薄かったと記憶している。

母は料理をして、切れなくなると父が研ぐ。シュッシュッシュッというリズミカルな音が台所から聞こえてくる。そんな昭和の風景の記憶。

包丁を研ぐことと鰹節を削ることはなんとなくだけれど、大人になる、ということのように感じていた。だけれど、鰹節を削ることはいまだにできない。

そんな折というか、かれこれ5年ほど前だったか、暑い日に浅草橋を歩いていて、「打ち刃物」「天然砥石」という暖簾の「森平」さんが目に入った。古い建物、風情のある佇まい、奥行きにどこか涼しさを感じる凛とした印象に急いでいたけれど、ちょっと覗いてみたのだった。

そこから取材をして、ぼくも天然砥石を購入した。何度か研いでみたのだけれど、気持ち切れるようになったかな、程度ではあったが、鰹節を削るように手応えがあった。これも精進すれば少しは切れるようになるかもしれない、と。

そんな折、久しぶりに「森平」を訪ねることがあった。そのとき、包丁の研ぎ方をレクチャーしてくださったので、だったら、「Ｔｈｉｓ」の読者と一緒に学んでみようと思ったというわけです。

森平さんの社長である小黒章光さんは、昔は実演販売もしていらして、その話術もなかなかのもの。今でいうとポップアップストアになると思うが、よく売れたそうだ。

さて、それでは早速順を追って包丁研ぎ講座。

砥石をセットする。下に濡れた布巾や台拭きなどを敷くと砥石が動きにくくなる。そして、ボウルなどに水を入れ、その水を手で掬い砥石の表面に水が張るくらいにする。砥石がセットできたら、早速研ぐのではなく、姿勢がとても重要。砥石を身体の中心に置き、背筋を伸ばしたら、軽く会釈をするように砥石に両手を置きお辞儀する。その姿勢で包丁を持つようにする。そして普通の刃なら3回くらいに分けるように柄に近いところから研ぐ。押しているときに砥石に刃を擦るように軽く力を入れ、手元に引くときは砥石の摩擦がないように。それを何度も繰り返したら、真ん中あたり、そして刃先へと進む。

反対の面も同じようにできる人は同じように研げるようだけれど、これはなかなか難しい。だから、刃を自分の側に向けて研ぐ。こちらも3回に分けて、押すときに力を入れて、引くときは力を抜く。

両面研ぎ終えたら、砥石の上で刃を滑らせるように横に引く。このとき引っかかる感覚があったら、その場所が多少凸凹になっているので、その部分を研ぐ。

鉄の鋼でないと研いでもあまり変わらないという職人さんもいるようだけれど、小黒さんの手にかかればステンレスもよく切れるようになるし、僕が研いでも、以前よりうまくできたようで、鶏肉の皮がスッと切れて嬉しかったなぁ。

包丁を研いで、筆者が一番感激したことがある。それはネギの薬味を切ってみるとネギの味が格段良くなることだ。ネギ特有の臭みが消えて、甘みが出てくる。

「森平」では天然砥石の販売だけではなく、人工砥石も製造している。筆者が5年ほど前に伺ったときにはまだ、新作の「森平火印」人工砥石はなかったのだけれど、そのときも小黒さんは質の良い天然砥石がほとんど採れなくなっている実情をお話ししてくださった。あの当時から砥石づくりを研究されていたのだと思う。そして、完成させ現在のように販売している。初心者から料理人や様々な刃物を使われる国内外のプロの方々からも好評のようだ。砥石の荒さを六段階に分けているので、使い勝手も良いと聞く。

みなさんもぜひ、包丁を研いでください。料理が格段楽しくなること間違いなし!

磨けば光るし、研げば切れるのだ。

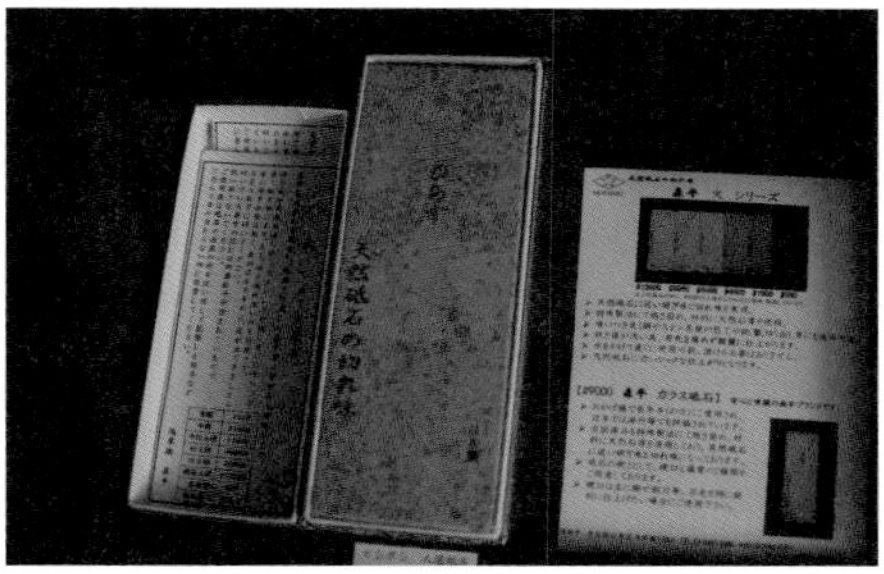

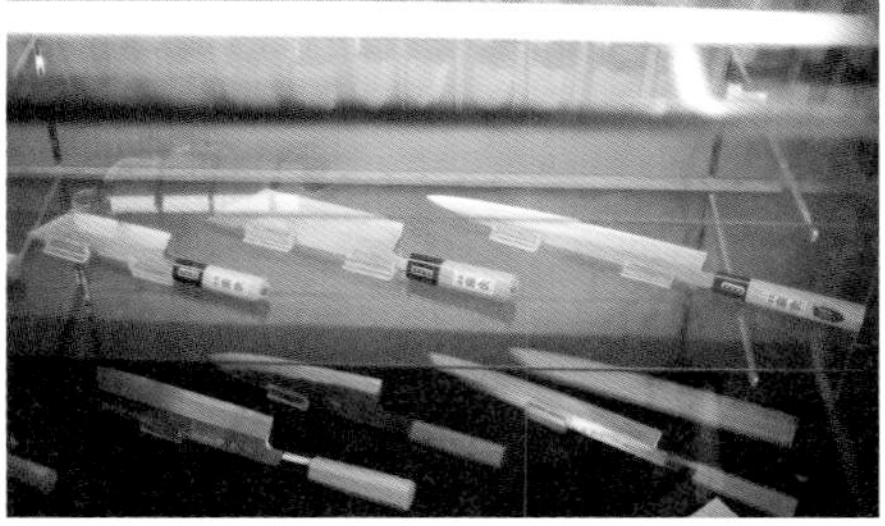

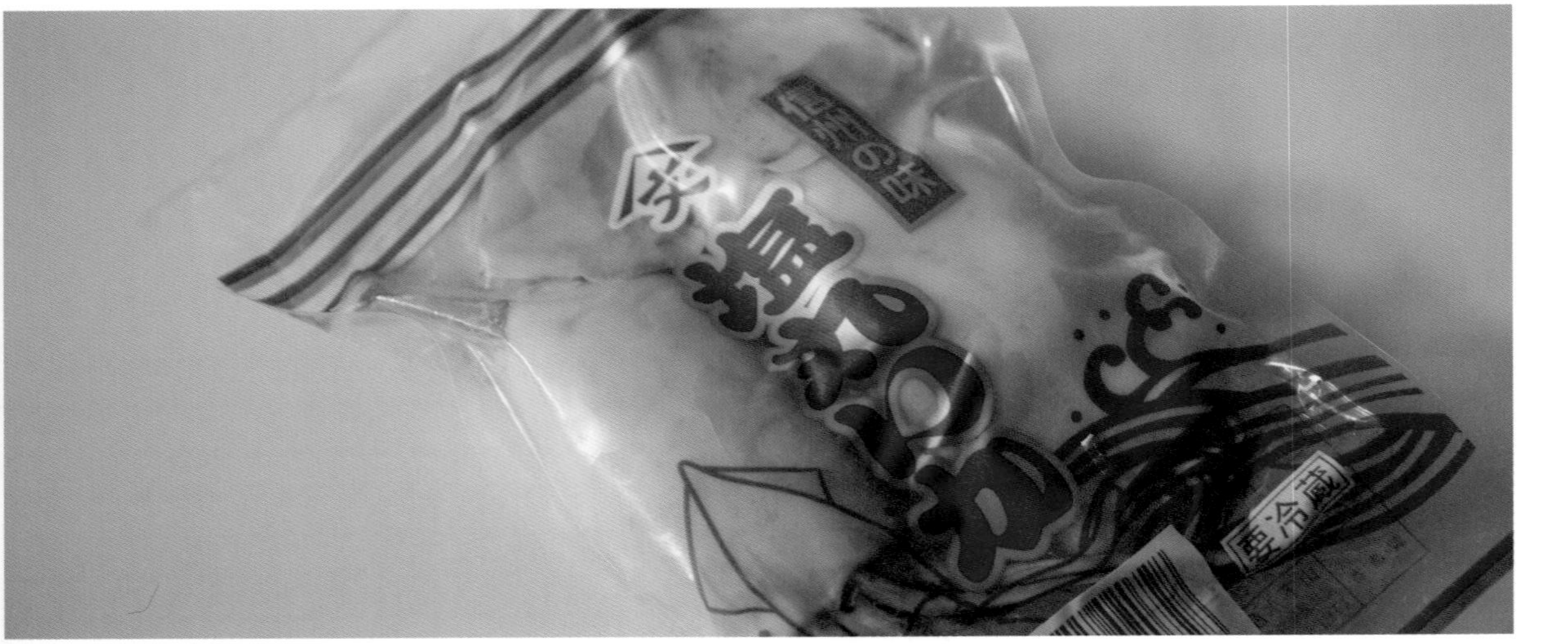

みなさんにも一度召し上がって欲しい。

世の中には、訳あって不思議なことが起こることがあるようです。

食べ物の世界でもそれは十分あることで、オクラがとても日本の料理に合うからでしょうか、育成の早さからお蔵が建つとも言われることがあり、日本のものだと思われる方もいらっしゃいます。ですが、アフリカ原産で日本にはアメリカから入ってきたとも言われています。英語でも「ｏｋｒａ」ですが、その語源はアフリカにあるようです。

沖縄に昆布料理があるのも北海道からのもので、おめでたい料理に使われるそうです。その土地とは関係なさそうなものが名物になるのは、海のない山梨県の名物にある「煮貝」が有名です。諸説あるようですので、こちらはお調べください。

今回紹介したいのは長野県で信州の味といわれる「塩丸いか」です。これも諸説あるのだとは思うのですが、長野には海がないため、塩が貴重なものでした。そのため、富山や福井からお塩を届けてもらっていたそうです。シルクロードならぬソルトロード「塩の道」もあったそうで、塩は大切に運ばれていたのでしょう。

その塩の中に海産物を入れたものが「塩丸いか」の起源とも言われます。つまり、大切な保存食だったわけです。別な説としては、冷蔵技術のない時代、茹でたイカの胴に足と塩を詰めて保存性を高め、海のない信州に運ばれたといいます。前者が副産物

海がないのに、信州の味と言われる「塩丸いか」。

で、後者はメインとしての考え方だと思います。

いかの加工品もいろいろありますが、塩丸いかの味もまた独特で、これでしか味わえない、独特な味が今なお人気の秘密だと思います。

商品名は「塩丸いか」ですが、昔から「塩いか」と呼ぶ人も多いようです。ぼくは「塩いか」で育ちました。

そんな塩丸いかを先日買って参りましたので、早速ご紹介しようと思った次第です。

塩丸いかは塩抜きをしてきゅうりやキャベツと和えるのがポピュラーな食べ方です。季節にもよりますが、夏休みによく食べた記憶があり、自分はきゅうりと茗荷で和えたものが好物です。今回は新生姜の酢漬けを漬けたので添えてみました。

長野ならどこにでもあるのだと勝手に思っていたのですが、上田ご出身の方に伺ったところご存知なかったのも意外でした。みなさんに味わっていただきたいのですが、探すのもなかなか大変なのかもしれません。

両親の生まれ故郷が駒ヶ根市というところでここではスーパーなどで見ることができます。伊那の知り合いも普通にあるとおっしゃっていました。諏訪にもあると聞きました。

長野にお寄りの際には探してみてください。

手づくりすれば、なんでも美味しい、体に良い。

生姜をガシガシ擦って、レモンを絞って、全部混ぜたらピンクのジンジャーエール、簡単よ。

生姜のことを考えると止まらなくなります。ずっと前のことでしたが、生姜で本をつくりたい、と思ったこともあります。生姜は魅力的で、家の冷蔵庫からなくなると不安になるほどです。それはハンカチ（筆者はバンダナ派ですが）を忘れたときのソワソワした感じと似ていて、常に身につけているものを忘れてしまったことによる喪失感、もしくはまるで何かの支えが外されてしまって不安定になる不安という感情に似ているかもしれません。

生姜の魅力はたくさんあります。なんといってもどんな料理でもちょっと、もしくはたくさん（要するに好きなだけ）入れることで味がグッと締まります。かといって唐辛子のようにただ辛いというのではなく、単独でも食べられる（唐辛子を単独で食べる方には申し訳ないのですが）節

度を持った辛さです。生姜は香辛料としても独特の辛味と芳しさを持っているので、料理には本当に欠かせません。単純な焼きそばや雑炊、生野菜の塩揉み、などさまざまな料理でその力を発揮してくれます。

同じように味のバラエティに力を発揮しつつも、もうひとつの役割を果たすこともあります。それが臭み取りです。ポピュラーなところでは煮魚だと思います。味醂や酒、醤油とともに魚に風味を加えつつ、魚の臭みをとってくれるのも生姜の役割です。生姜は香辛料としての役割が強いと思いますが、お料理に入れるとコクと厚みが出ると思います。出汁の役割も感じられます。

そして、殺菌力があると昔から言われています（ないという説もあります）。お寿司のわさびと生姜は生ものを食べるときの転ばぬ先の杖のようなもので、昔の人は薬味の力をしっかりとご存知だったことが窺えます。生姜とは関係ないのですが、大蒜も素晴らしいです。大蒜のパワーはまたいずれお話を書ければ良いと思います。ただ一言だけ、大蒜には多少のウイルスやバクテリアは殺傷する力、発生させない力を持っているようです。

話が逸れました。生姜です。生姜は血行を良くして体温を上げる力もあり、飲んだり、食べたりするとポカポカするのもその効果のようです。お腹のムカつきにも効果があり、体調の優れないときに口にすると良いのが生姜です。多少の二日酔いもスッキリすることがあります。

子どもの頃、風邪をひくと母親が擦った生姜と蜂蜜をマグカップに入れて、お湯を入れるというシンプルな風邪薬を飲ませてもらいましたが、民間療法としては今でも引き継がれているものだと思います。

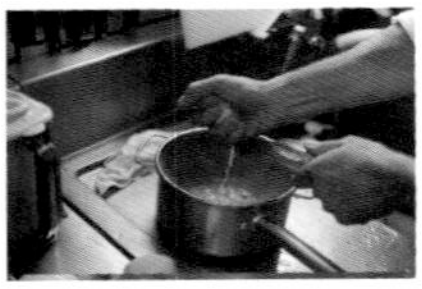

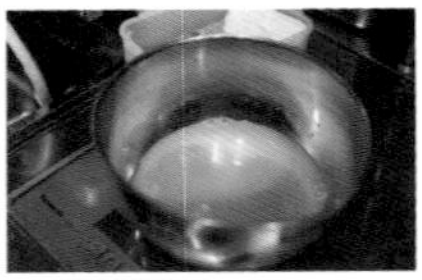

そんな生姜の魅力の虜になっている筆者がジンジャーエールの原液（なんていえば良いのでしょうか?）を手づくりジンジャーエールが人気の原宿にあるブリティッシュインディアンカフェ、「ｃａｆｅ１９３０」に習いに行きました。

教えてくれるのはネパールから来られたゴパルさん。ｃａｆｅ１９３０のシェフです。ｃａｆｅ１９３０は英国統治下のインドのお茶の時間をイメージしたカフェであり、タンドリー釜も備えた本格インド料理が楽しめます。今度はカレーのつくり方やタンドリーチキンのつくり方を聞いてみたいものです。ジンジャーエールだけでなく、かなり生姜の効いたジンジャークッキーも置いているようですので、気になる方は是非足を運んでみてください。

材料は至ってシンプル。生姜とレモンとガムシロップです。大体１：１．２：５。今回はお店用のストック（大体週に2、

3回つくるそうです）の量なので大量につくりますが、ご自身のため、ご家族のためにおつくりになる方はその分量を調整してみてください。

最初に砂糖水をつくっておくと良いようです。お湯を使いますので、冷ます意味で先につくっておきましょう！砂糖水＝ガムシロップです。適量の砂糖に適量の水を入れてかき混ぜるだけです。

本命の生姜はここからですよ。国産のしっかりした生姜を洗って、皮を削ぎます。削ぎ終わったら、おろし器で生姜を擦ります。とにかくガシガシガシガシガシガシガシガシと擦って、ボウルに溜めて行きましょう。生姜を全部擦ったら、布地で濾します。綺麗なクリーム色の液体がどんどんできます。この綺麗な液体が生姜だとは思えないほどです。

次はレモンです。半分に切ってこれまたどんどんど

ん搾りましょう！　レモンは生姜と色は似ていますが、少し透明感がありますね。舐めたらもちろん酸っぱいです。
さて、もうすぐできあがりです。というのも生姜の搾り汁、レモンの絞り汁、砂糖水を混ぜ、そこに蜂蜜を足したらもうできあがりなのです。

ここでびっくりすることがあります。生姜汁もレモン汁もクリーム色なのに、何かの化学反応が起こるのでしょうか？　ふわぁっとピンク色に染まります。とても綺麗なピンク色なのです。ね、びっくりでしょ？

冷蔵庫に保管して、飲みたいときには炭酸で割れば、はい、ジンジャーエールのでき上がりですよ！　炭酸で割るとピンクがまたクリーム色に戻ってしまうのはちょっと残念ですが、最後は生姜とレモンが意地を見せて、素の色に戻るのかもしれませんね。

体にきっと良い飲み物です。炭酸で割るだけでなく、お湯で割ったホットジンジャーもシェフのおすすめです。冬限定でｃａｆｅ１９３０でも楽しめますよ。紅茶に入れたり、ハーブティに入れたりするのも良いと思います。筆者は料理の隠し味にしました。これもおすすめです。たっぷりつくって、いろんなものに入れちゃいましょう！

久保暁子さんの木像修復は
滅私であるのに個性があります。

直して使う、という営みは日本の良い文化なのでしょう。日本の文化の基礎ともいうべきかもしれません。中国は直しては使うというよりは、統治する人間が変わると前の人間のつくってきたものを壊して、自分の思うものをつくらせていたといいます。

対して日本はそういうこともあったとは思います。お城がなくなっていったのもそんな経緯のひとつだと思いますし、規模は違えど、さまざまな場所で戦が起き、宗教上の争いが起き、時の権力者がものを壊しては新しいものをつくってきました。それも歴史。

こうしたスクラップアンドビルドは世界でもそして日本でも行われてきた訳です。ですが、直しては使うという文化は尊くもまた確実に日本に根付いています。

「もったいない」という言葉のもつ精神

性は、捨てない、無駄をしない、必要以上に増やさないというシンプルな考え方だと思います。そこに直して長く使うという文化もあったと思います。洋服のリペアやサイズ直し、継ぎ接ぎや差し子もそうでしょうし、包丁を研ぐことも切れなくなった刃を元に戻すという直しにも感じられます。ほんの20年前まではテレビなどの電化製品は修理して長く使っていましたし、カメラも修理しては長く使いました。町を歩いていると「傘の修理します」という看板もありました。そうしたお店は傘屋さんではなく、他の商売をされながら、というお店も多かったと思います。他にもさまざまなお直しがあったと思います。

いつの間にか修理をするより、買い替えたほうが早くて安いという世の中になったことを寂しく感じます。

修復という作業を修復師の久保暁子さんに見せていただくと自分の身近にあった修理やお直しの文化を思い出してしまいます。主に仏像の修復をされていて、取材に伺った日は大きな大黒天さまと小さな仏像が所狭しと並んでいました。

夏の終わりかけの頃に伺いました。最初にびっくり、というか意味があるのだろうと思ったのがこの工房に冷房が設置されていないことでした。

「木材は環境によって収縮の違いがあります。この作業場の環境を人間の過ごしやすさに合わせてしまうと収縮の具合が変わってしまいます。元の場所に戻したときも同じような環境になっていることが木像にとって大事。だから必要以上の空調はしていないのです」

冷風機はあるのですが、それでも作業場は外より暑いくらい。久保さんは

汗をかきながら作業されていました。

修復は写真を撮ることから始まります。写真は修復の状態を残し、原型と色などの参考にしながら、何をどうするか、といった手順を考える地図のようなもの。写真には修復の目安を書き込みながら進めます。それから解体して内部までの損傷をみます。解体したものを掃除して、剥離の補修、虫穴に久保さんが配合したシリコンを注射器で埋めていきます。足りない部分や損傷している部分を補い、接着剤として漆を塗って固定することや、漆で穴埋めなどもします。かなり大雑把ですが、こんな流れになります。

最初に訪れたときは木曽檜を削って、損傷箇所に木をあてがう作業をされていました。久保さんにとって木像修復では木曽檜(例外はあります)を使うそうです。木目が細かく、暴れにく

い(収縮、膨張しづらい)からだそうです。

後日、別の作業を拝見したい旨をお伝えすると漆塗りの作業が始まったとのことで、それを拝見しに伺いました。漆は天然の生漆を使っていて、「との粉」や「地の粉」と混ぜることで液体が粘土状になります。場所によっては小麦粉を混ぜてゲル状にする場合もあります。それをひび割れたところにも使いますが、この作業、実は陶器や磁器が割れたときに修復する金継ぎなどの技法も同じなのでした。ですから、久保さんは金継ぎの依頼も少しですが、やられているそうです。先ほど修理の話を書きましたが、金継ぎこそ物を大事に使う文化の代表的なものでしたね。

この日は大黒天さまに漆を塗っていく作業でした。ちょっと注意が必要なのですが、普段は表面に漆を塗ることはあまりしないそうです。全体の印象が変わってしまうからだそうです。木像の醍醐味は鋭角的な木を削った刃の質感です。その質感を残すためには漆を塗らないそうです。この大黒天さまは依頼のあったお寺さまより特殊な加工の注文があったため、この工程がないとできないと判断したためということを付け加えます。

この作業の話を伺うと「修復」とは何か、ということがわかる気がします。修復はそもそも「復元」を目的としています。元の状態に戻すことが修復なのです。ミロのヴィーナスの両腕を復元し

ようという話はあるらしいのですが、そもそもの腕がないのですから、元に戻すのではなく、それは想像であり創造になってしまうという宿命があります。

「文化財修復の基本は現状維持修理。現在遺されている姿をこれ以上損傷させないよう保持し、出来るだけ永く後世に伝えること。制作当初の姿・部材・彫刻面・彩色・漆箔などは最も尊重され、傷つけないように配慮することです。後世の修理で補われた箇所が損傷であると判断した場合は除去します」

久保さんのされている修復はあくまでも現状維持が基本とおっしゃいました。ここは難しいところですが、製作当初（その仏像がつくられたはるか昔）の姿を尊重しながらも、あえて制作当初の状態に戻すのではなく、今ある姿を維持するというスタンスです。文化財修復の世界のルールだとも教えてくれました。だからあえて、「修復に個性はいるのですか？」と質問してみました。

「滅私です」

というシンプルなお答え。ですが、久保さんはご自身で答えを見つけながら作業を続けます。国宝クラスのものは３０年に一度修復作業あるらしく、３０年保てば良い訳ですが、普通の仏像などは次に修復されるのが１００年後になるか、２００年後に

なるか、という気の遠くなるお話なのだそうです。だから、100年後の人に久保さんがどういう修復を施したのか、なるべくわかるように作業していくとおっしゃっていました。
つまり、そこに完成はなく、繋いでいく作業でもあるのです。そう考えると遙かなる浪漫も感じられます。100年後の人に投げたパスをどうやってシュートしたり、アタックしたりしてくれるだろうか、という投げかけでもあったのです。ただ、元に戻すという作業ではありますが、日本の文化やその文化を支える歴史、民族の習性などの話も大事な修復の基礎知識でもあるようです。
久保さんの修復には個性はいらないのかもしれません。ですが、お茶碗を割ってしまい、金継ぎをしたときに新しい景色が生まれます。金継ぎをする人によっても景色は変わってくるはずです。ほんの些細なことだったとしても。ご自宅にある作業場も拝見しましたが、さまざまな修復の可能性をテストして、修復の方法や、修復の道筋を模索していることがよくわかります。だから思います、久保さんの修復は久保さんにしかできない修復なのではないでしょうか？
滅私をしながら個性が出てしまうものなのかもしれません。

ダイアン・クライスさんに教えてもらう、レースに秘められた世界。「祈りと平和の歴史、そしてWar lace」その1。

文・ダイアン・クライス

（写真1）マクラメ（一部） イタリア 18世紀（麻） Fragment-Macrame-Italy-18C-Linen-Knotted 27×42cm

（写真2）ボーダー ニードルポイント イタリア 16世紀末（麻/ニードルポイント） Border-Needle lace-Italy-End 16C-Linen-Needlepoint 10×100cm

レースは単なる装飾用の生地ではありません。

感性の糸でつくられるレースは人間の感情の網となります。レースの重要性を深く見るほど、レースが「祈り」の方法であることがわかります。人々は、目に見えない糸で平和的につながることができます。これは、現存する最も美しいレースのネットワークです。レースとは何か？　と考えるとき、重要なものが「結び目」です。古代人の多くは結び目を作っていました。彼らは祖先を敬い人々は結び目をつくり始めました。結び目は祈りの手段になったのです。糸や紐、植物の蔓を結ぶことは原始の手工芸です。マクラメ（写真1）（※アラビア語の「ムクラム」（格子編）に語源があり、「交差して結ぶ」という意味がある）は最も古い結び目の手工芸品の一つです。

日本にも同じような結び目の手芸はあります（※正倉院御物や鎧などに残されている）。古代から日本が結び目に意味したことは、ヨーロッパがレースに意味したことでもあります。

7世紀初め、遣隋使は海を渡り天皇への贈り物を持って中国から帰国しました。贈り物は、彼らの「安全な旅」を象徴する赤と白の糸の結び目で飾られました。天皇は贈り物の結び目にとても感銘を受けたので、人々に結び目の慣習を採用するように勧め始めました。

日本人は和紙から結び目を作り始め、紐のようによった糸または水引の結び目が付いた贈り物用の箱を提示する伝統を始めました。伝統的な赤と白の紐結びは、人生を肯定し、祝うメッセージを表現しています。

ヨーロッパの初期の歴史では、ケルト人は結び目のデザインを作りました。一部のケルトの結び目のある織物は、幾何学的なデザインでできています。これらの結び目のある織物は、レースの最初の形と呼ぶことができるでしょう。(写真2)の連続的な線の幾何学的なデザインは、初期のニードルポイントレースを彷彿させます。この連続的な線は霊的存在が人を神の元へと導く道と信じられていました。それは複雑ですが、神に到達するためには人間はその道を完璧に歩かなければなりません。エンドレス・ノット、終わりのない連続する結びです。「宝結び」と呼ばれ、結び目を用いた吉祥紋です。連続する無限を意味し、永久の繁栄、長寿、多幸などを願うシンボルになっています。

この宇宙では、すべてが相互に関連しており、分離することは不可能です。エンドレス・ノットはこの現実を表しています。日本でもヨーロッパでも、エンドレス・ノットは印象的な象徴性を持っています。

結び目はレースづくりの始まりのひとつでした。それは

（写真3）ラシスの祭壇のカバー スペイン 16世紀末（麻/編み目） Antependium-Lacis-Spain-Late 16C-Linen-Filet 74×315cm

Ｌａｃｉｓ（ラシス）と呼ばれました。その技法は装飾布作りに取り入れられました。（写真３）もそんな一例です。

神話では、ヘルクレース（ヘラクレス／Ｈｅｒｃｕｌｅｓ）が最初の結び目を結んだと信じられています。ヘルクレースは病気や悪から身を守る神です。結び目は保護のための祈りになりました。古くから現在まで、結び目は友情の象徴であり誓いの象徴にもなりました。

例えば愛の象徴としての結び目は、ウェディングドレスやアクセサリーを飾ります。結婚式の結び目は、長期的な固い約束のための祈りです。かつてのレース職人は、エンドレス・ノットの力を信じていました。

（写真４）の木製の飾り額は、英語で「レースボード」または「レースワインダー」と呼ばれます。レース職人はでき上がったテープ状のレースをこういった木製の板に巻き付けます。

19世紀、フランスは細かい彫刻が有名で、その繊細な彫刻を施すことが盛んでした。これらの板はレースを巻く道具としてだけではなく彫り模様のサンプルにもなりました。

レースづくりには時間がかかります。沈黙と集中力が必要な作品です。このレースを巻く板に見られるシンボルは、レース職人の祈りを表しています。手工芸品への愛情はこのような彫刻や

（写真4）レースワインダー/レースボード フランス（ル・ピュイ　オーヴェルニュ）1853年（木彫）
Lace Winder-Holder for lace border-France-Le Puy, Auvergne, 1853-Carved Wood 11×17cm

レースによって顕在化するのです。

ハートのシンボルもまた愛情表現なのです。

さらにみていくと右上と左下に「Yin and Yang」陰陽のシンボル陰は地球、陽は天国を表すといいます。陰陽は運命も表しています。左上の円の中の星は天国の表現です。中央のエンドレス・ノット、永遠の結び目は、祖先や神とのつながりを象徴しています。

レースは比喩的なアートとして見ることができます。レースは観る者に独自のイメージを与えます。芸術は私達の感情を満たします。レースにおける芸術性は、製作者だけでなく、着用者やレース職人にも心理的なサポートを提供します。レースの一枚一枚には、個人の精神、技術、歴史をもあらわしています。その無限の糸は、世界中の人々を結びつけています。

レースづくりが始まった当初から、主なカラーは白でした。白い色には長い象徴的な歴史があります。初期のキリスト教会は、純粋さ、犠牲、美徳、無垢、そして新しい始まり(新生児の洗礼)の色として、古代ローマ文明から白に象徴される意味を採用しました。

ヨーロッパでは、白はアートで最初に使用された色の1つです。建築インテリアではバロック時代にも多用され、特に18世紀

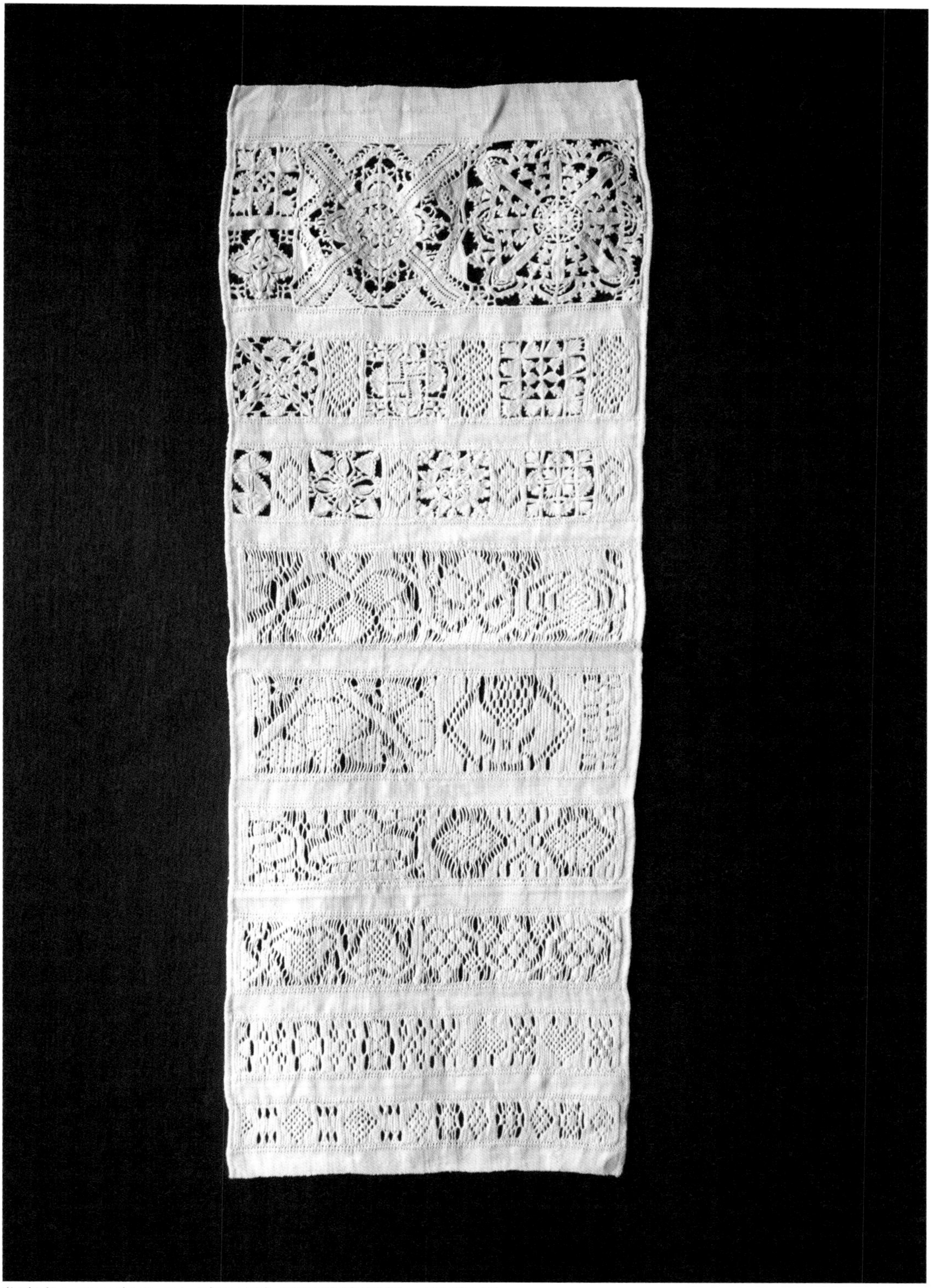

（写真5）レースサンプル カットワーク（リティセラ） イギリス1650年頃（麻/ニードルポイント）
Sampler-Cutwork, Reticella-England-17C circa 1650-Linen-Needlepoint 22×128 cm

ロココ時代には支配的な色でした。18世紀には、白は男性と女性の両方にとってファッショナブルな色でもありました。男性は粉をまとった白いかつらと白いストッキングを身に着けていました。女性たちは、レースや、精巧な刺繍が施された白とパステルカラーのガウンを着ていました。

白は、18世紀、19世紀の男女両方の下着と寝具の普遍的な色でした。他の色は考えられませんでした。理由は簡単です。沸騰したお湯でリネン類を煮るとシミや汚れも抜けいつまでも白さが保たれました。

ヨーロッパでは16世紀頃から使い古されたリネンは回収され、高品質の紙にリサイクルされました。

日本でも白は神々の神聖な色と考えられています。それは精神的および肉体的な純粋さ、全体性、完成の象徴です。古来、日本の天皇は主な神事に白衣を着用し伝統的な神道の花嫁の装束は白です。華麗な錦織の伝統的な花嫁着物は白無垢と呼ばれます。

レース職人たちは、白い糸を平和の象徴と見なしていました。レースの白い色は、思考、感情といった精神の内面の浄化の役割を果たします。

レース職人の長時間の静かな作業の間、糸の白さを保つため

の忍耐力が必要でした。レース職人たちは、雪の聖母に自分たちの糸の白さが守られるように祈っていました。カトリックの雪の聖母の祝日は8月5日です。

伝説によると、ローマの貴族ジョヴァンニ夫妻は子供を授かれないことに悩まされていました。それで、彼らは財産を教会に寄付しました。その後まもなく、8月4日の夜、聖母マリアはジョヴァンニと教皇リベリウスに現れました。聖母マリアは奇跡の現れた場所に教会を建てることを求めました。翌朝、ジョヴァンニと教皇はローマのエスクイリーノの丘に立っていました。真夏なのに雪が降り始めました。その結果、そこにサンタ・マリア・マッジョーレ大聖堂が建てられました。

裕福な人々は、天国に居場所を得るために教会に最高のレースを寄付していました。新しい教会の落成式は、特別なレースを寄贈するのにふさわしい行事です。聖職者のモチーフのレースは教会の財産です。

これらのレースが個人のコレクションの一部になることはめったにありません。教会の紋章は、聖職者の尊厳と階級を示しています。聖職者には相続人がいなかったので、教会の紋章は貴族のように代々受け継がれるものでなく一代限りのこともありました。(写真6)のレースは、枢機卿の就任ミサのために注文されま

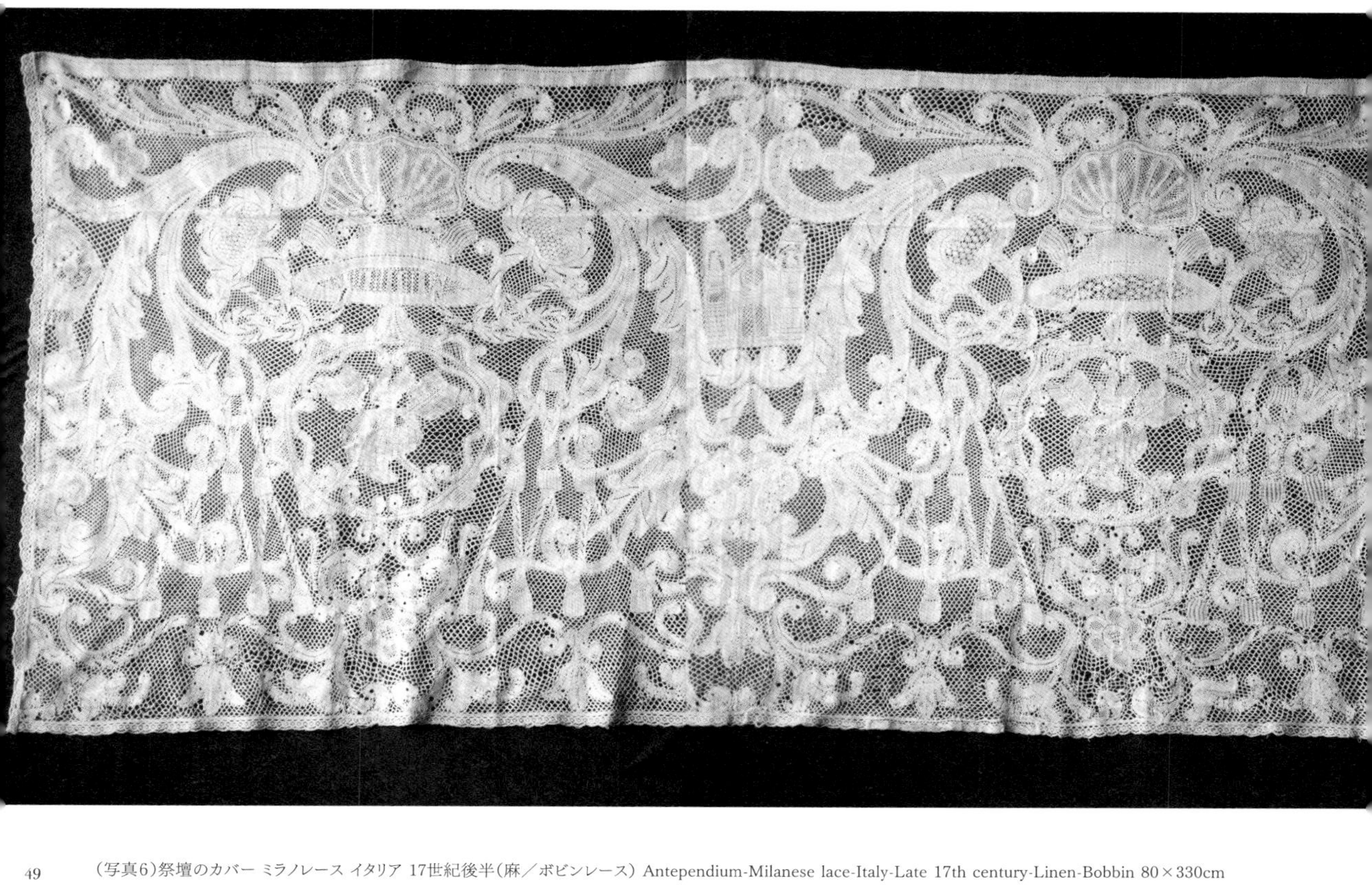

(写真6)祭壇のカバー ミラノレース イタリア 17世紀後半(麻／ボビンレース) Antependium-Milanese lace-Italy-Late 17th century-Linen-Bobbin 80×330cm

した。レースは祭壇の正面を飾りました。レースのデザインは、高位聖職者のバシリカ風の教会堂と司教の冠『権威の象徴』を表しています。

雪の聖母は日本のキリスト教社会でもよく知られています。小さな絵が長崎の日本二十六聖人記念館にあります。

京都にある表具修復業の宇佐美修徳堂の宇佐美直治さんによると、隠れキリシタンの信仰の歴史の証として使われ、その後修復されたという。準備も含めて約1年かかりました。宇佐美さんは「作品は小さいですが、命がけで大切に守られていると感じました。重厚で価値のある仕事ができました」と振り返る。

宇佐美修徳堂は、２０１９年宗教画「雪のサンタマリア」の修復を終了しました。16～17世紀に描かれた長崎の隠れキリシタンが信仰の対象としたもので「日本二十六聖人記念館」（長崎市）所有、当時のキリシタンへの弾圧や戦時中の原爆投下などの被害を逃れた貴重な作品です。「雪のサンタマリア」は、縦約28センチ、横約22センチの小品で、両手を前に合わせて伏し目がちにほほ笑むマリアが、和紙に顔料で描かれ、和風の掛け軸に仕立てられています。16～17世紀、イエズス会の初等教育機関「セミナリオ」で絵画を学んだ日本人によって描かれたとされました。１９７３年、長崎市外海（そとめ）地区の隠れキリシタンの子孫が所有して

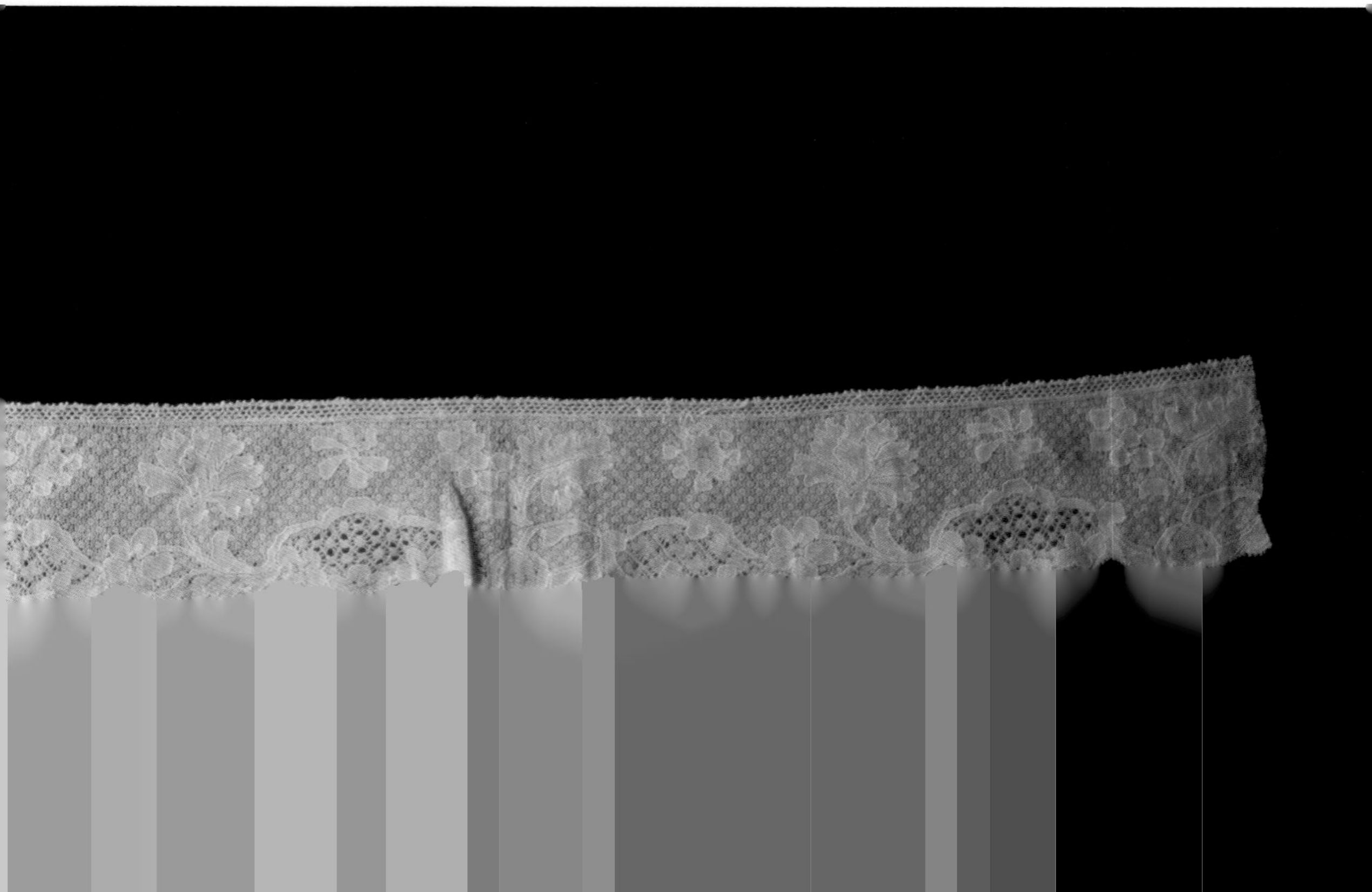

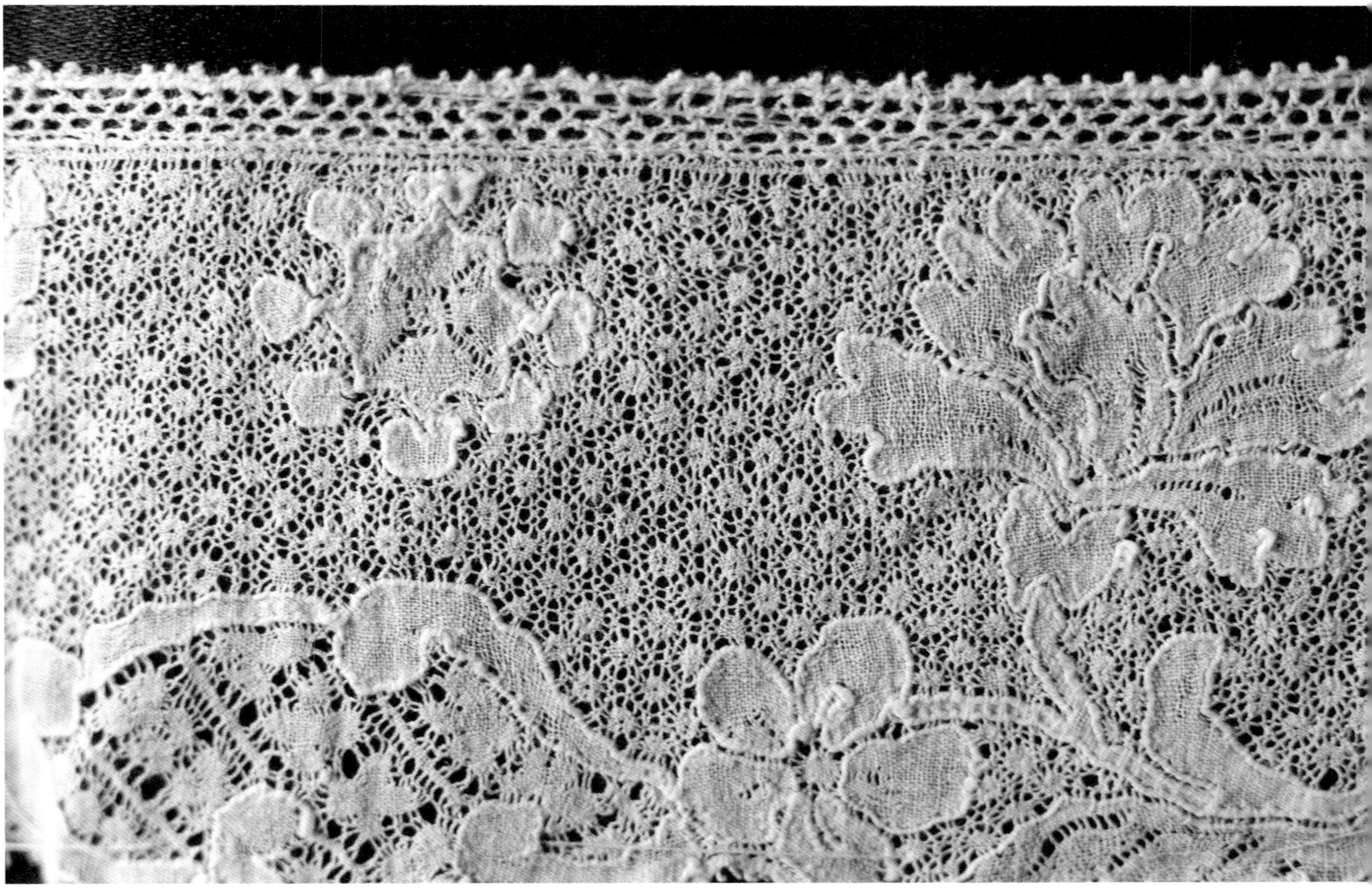

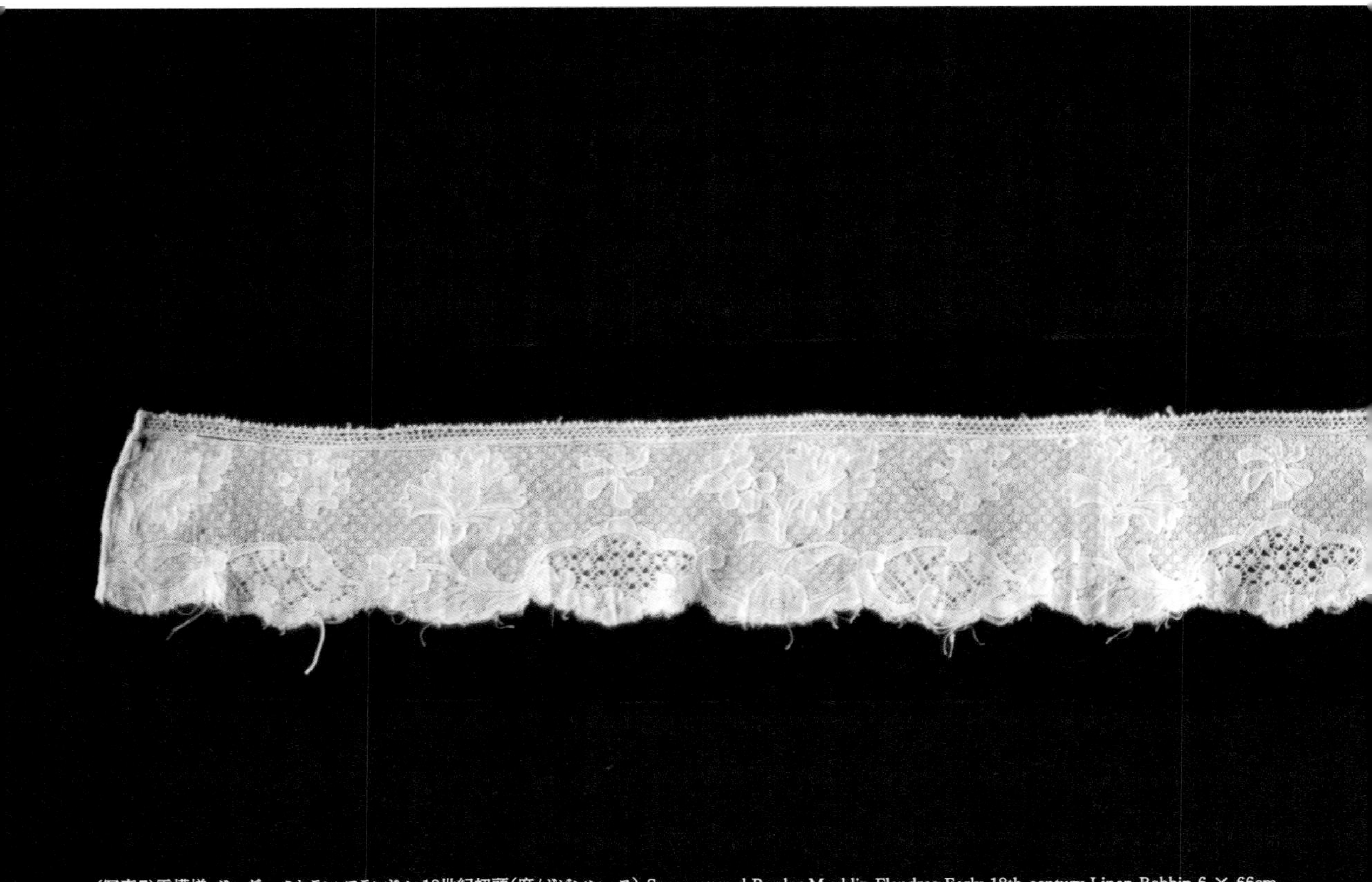

(写真7)雪模様 ボーダー ミケラン フランドル 18世紀初頭(麻/ボビンレース) Snow ground Border-Mechlin-Flandres Early 18th century Linen Bobbin 6 X 66cm

いたものが発見されました。当時のキリシタンが竹筒に入れて隠し持ち、信仰の対象としてきましたが、経年劣化に加え、たくさんのしわや汚れ、亀裂などがみられたという。傷みは隠れキリシタンの信仰の歴史を物語る証しとしてそのまま生かした上で1年をかけて修復されました。作品は小さいですが、大切にされ命がけで守られてきたことを物語ります。修復と同時に製作されたレプリカは2019年来日したローマ法王に寄贈されました。

17世紀後半から18世紀初頭にかけて、糸の白さを連想させる雪の結晶のモチーフでレースが装飾されるようになりました。（写真7）に見られる雪の結晶のモチーフはクモのような小さな丸いモチーフです。雪の結晶のモチーフは、雪の聖母に敬意を表してつくられています。聖母マリアは、レース用の白い麻糸などのリネン産業の後援者です。そして雪の結晶は「美の奇跡」です。雪の結晶の儚げな美しさは、真実と知恵を象徴しています。唯一無二の雪の結晶はまた個性の象徴でもあります。

（写真8）のハンカチは、バンシュ・ボビンレースでつくられています。1870年以来、ベルギーのブルージュでバンシュレースの変種が導入されました。レースは、その神秘的で複雑な見た目から、ポアン・ド・フェ（仏語：Point de Fée）＝妖精のレース

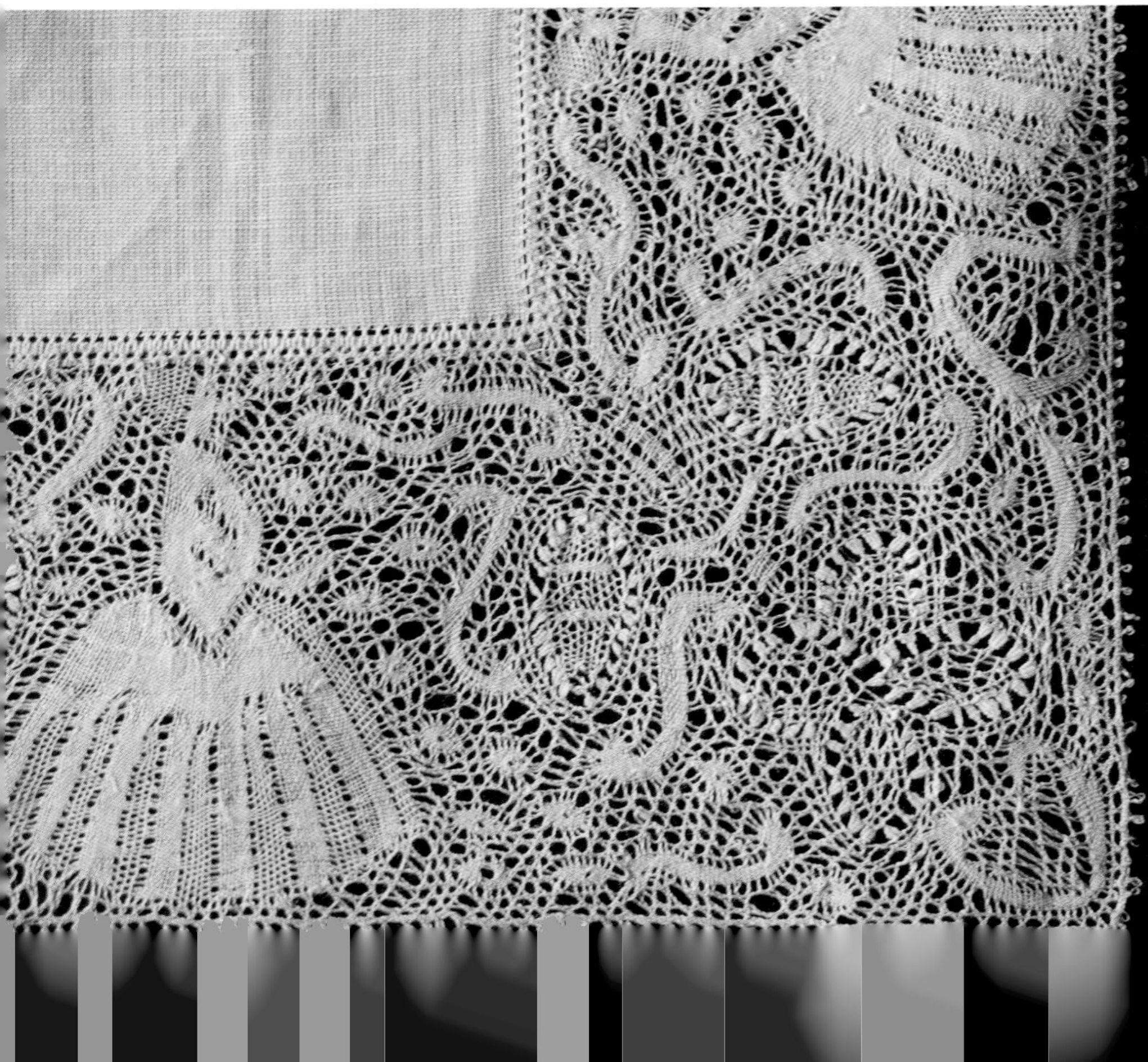

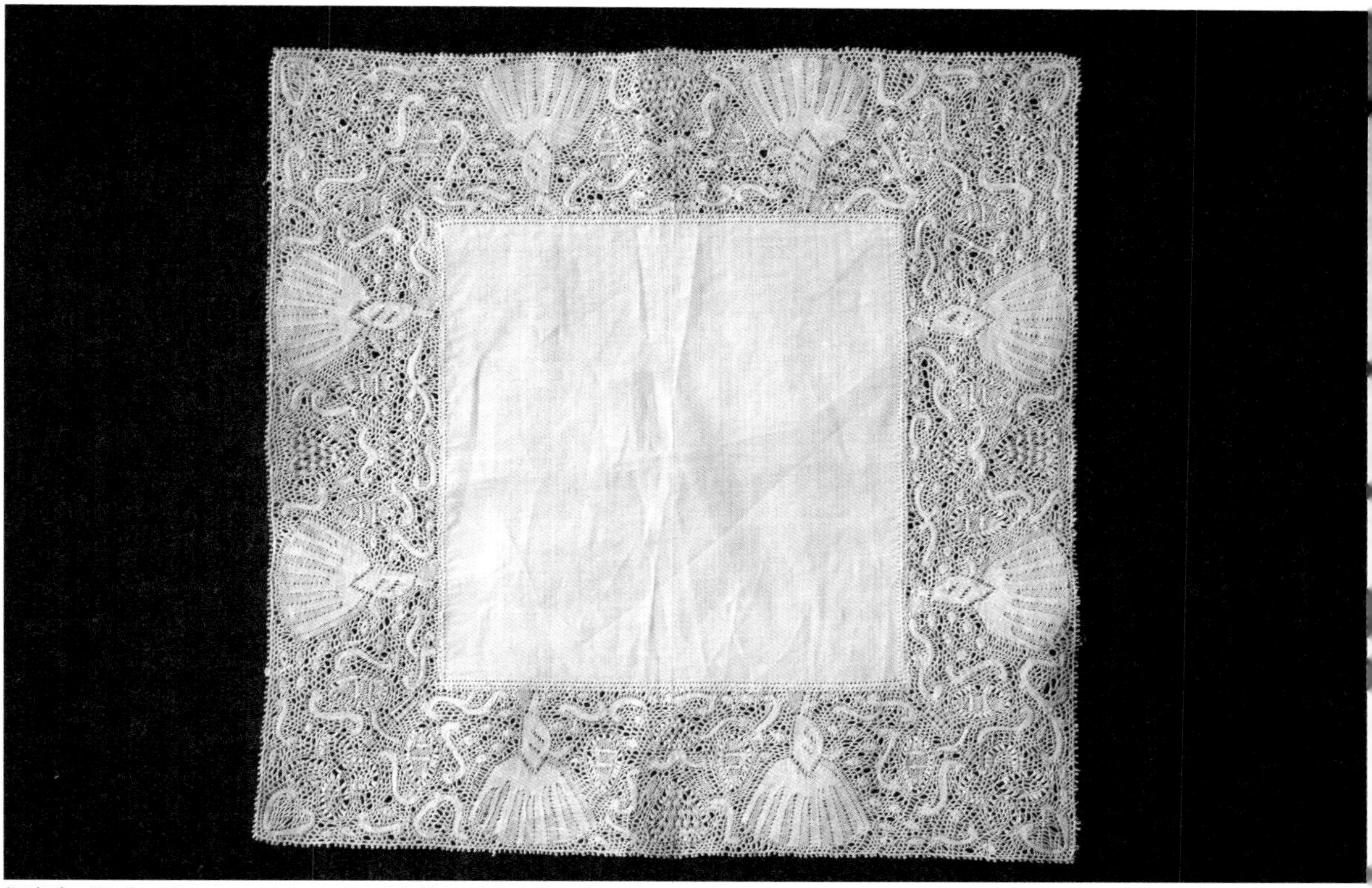
（写真8）マダムポンパドールのハンカチ ベルギー 19世紀 Handkerchief Madame de Pompadour-Point de Fee-Belgium-19C-Cotton-Bobbin 24×24cm

と名付けられました。

このデザインに描かれている女性は、18世紀のファッションリーダーであるポンパドゥール夫人（マダム・ド・ポンパドゥール）です。ポアン・ド・フェ・レースの技法は、ポンパドール夫人の個性と同じくらい複雑です。

ポンパドゥール・デザインは19世紀よりつくられていましたが、このような時間のかかる難しいレースを作ることに挑戦するレース職人はその後少なくなっていきました。

ポンパドールハンカチのデザインを雪の結晶が飾っています。雪の結晶と白鳥が特徴的なデザインを飾っています。

日本の江戸時代にも雪の結晶の図案は流行しました。雪の殿様と呼ばれた土井利位はオランダの顕微鏡を使って雪の結晶を20年にわたり観察しつづけ「雪華図説」を著しました。その図の完成度と美しさは当時の図案家の目にもとまり江戸庶民の間で人気となり着物、服飾小物、茶わんにまでおよびました。

小さくても継続的な努力によって、私たちの人生は意味あるものになります。やがて、私たちは何か大きなものを築き上げます。

ミレーの晩鐘には、日常生活の努力の象徴性が非常に明確に描かれています。次回は晩鐘と同じ農作物への感謝の「祈り」のモチーフからお話をしたいと思います。

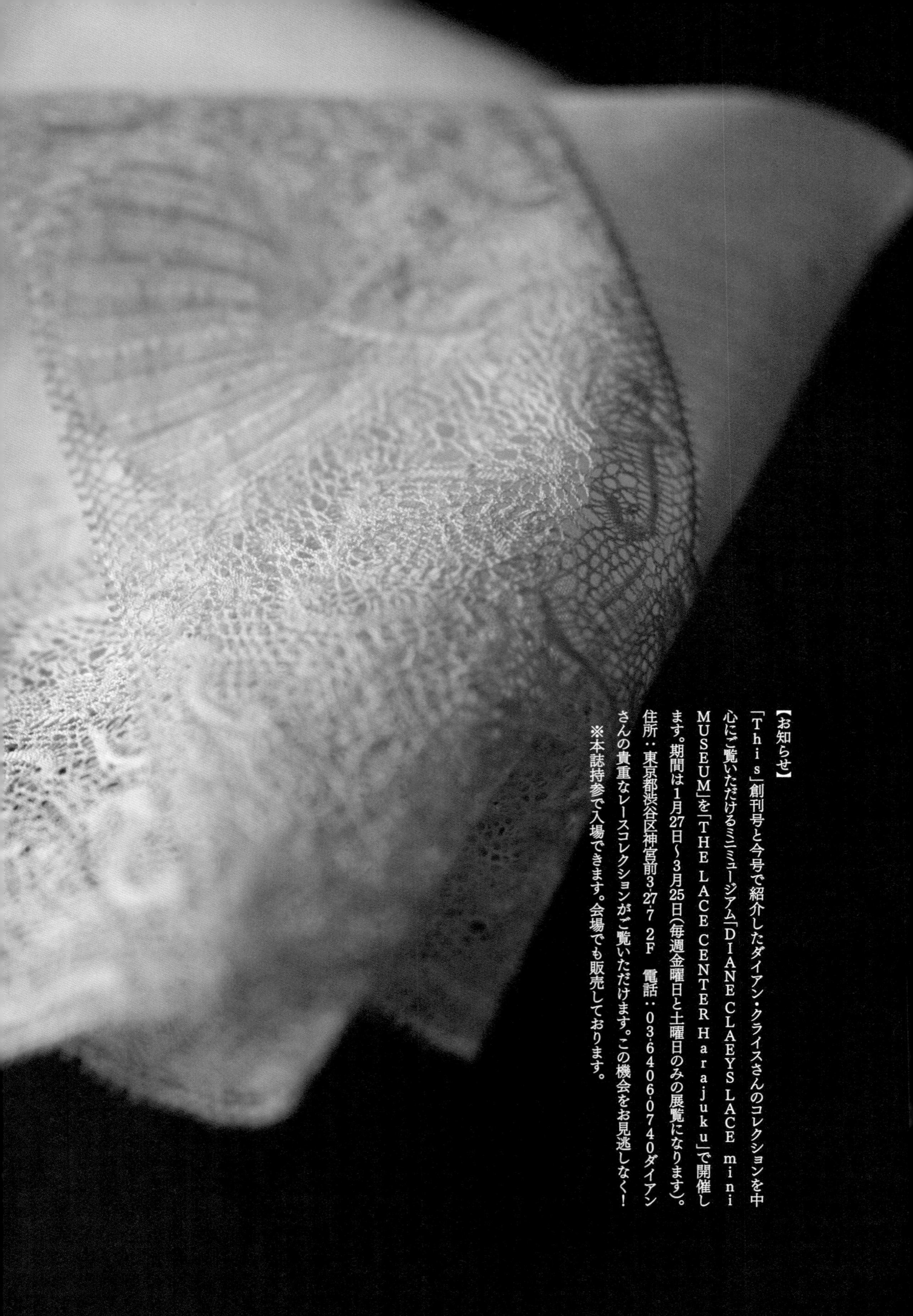

【お知らせ】

「This」創刊号と今号で紹介したダイアン・クライスさんのコレクションを中心にご覧いただけるミニミュージアム「DIANE CLAEYS LACE mini MUSEUM」を「THE LACE CENTER Harajuku」で開催します。期間は1月27日～3月25日(毎週金曜日と土曜日のみの展覧になります)。住所：東京都渋谷区神宮前3-27-7 2F　電話：03-6406-0740ダイアンさんの貴重なレースコレクションがご覧いただけます。この機会をお見逃しなく！

※本誌持参で入場できます。会場でも販売しております。

ダイアン・クライスさん 1954年12月5日、ベルギー・アントワープ生まれ。アンティーク・レース鑑定家、コレクター。 レース職人でコレクターだった祖母の膨大なレースコレクションに囲まれて育つ。子どものころから祖母のコレクションの制作年代や時代背景などを調べることが好きだったが、より正確な鑑定をするために1980年から85年まで、世界有数のアンティーク・レースコレクションを持つロンドンのヴィクトリア&アルバート美術館で学ぶ。 2005年日本国際博覧会(愛知万博)でのベルギー館とアンティークレースのプロデュースを機に日本に移住。以来、日本を拠点にアンティーク・レースの収集、研究、講演を行なう。

「シャボン玉石けん」で工場見学をしました!
無添加石けんだけでも暮らせる!?

子どものころ、我が家はあまり裕福な家庭ではなく、父はお店の番頭のようなことをしていたものの、当時の一般的な給料と言えるほどはもらえていなかった。母は町会の仕事を任されて、パートなどには出ることができず、家で内職をするくらいだった。そんな貧乏な家にもなぜか鼠が住み着いていた。

まあ、家の残飯などは貧乏なので出るわけもなく、ゴミさえほとんど出ないような家だった。今にして思えば、自分の「もったいない病」はこのときに培われていたのかもしれない。余談だけれど、ゴミが出ないことは今とは違っていて、豆腐はお鍋を持って買いに行ったし、買い物かごにダイレクトに野菜も入れた。肉や魚にはプラスチックの受け皿、食品トレーなんてなかったので、肉や魚は「経木」という木を薄く削った(つくり方を含めてわからないので、今度取材してみようと思いました!)紙のようなものに巻いてくれた。これは結構な優れもので、殺菌効果があると聞いたことがある。

大体において、今のように工場でつくられて袋に入ってスーパーに並んでいるものも少なく、ぼくの子どものころは大規模小売店舗法もなく、日常生活は個人商店に社会全体を委ねていたと思う。今でいう食ロスも少なかった。これは食品を魚なら魚、肉なら肉という食材として買ってきた。お菓子にしても家の中にあるものを工夫して、田舎ではおやきが出たし、漬物もおやつだった記憶がある。母が買ってきたのはお煎餅や飴ぐらい。ぼくらはお小遣いで駄菓子屋に行くくらいしか記憶になかった。とはいえ、ポテトチップスやチョコレートもあったなと思い出す。まあ、今よりは百貨店でも過剰包装だったけれど、その過剰包装も包んでくれた紙も綺麗に畳んでしまっておいたり、箱は間違いなく別の用途に使われていった。

話は随分と迂回してしまったが、食材をきちんと買って料理をすると野菜の皮などは出るものの、今よりはずっと食ロスもゴミも減ると思うが、時間との勝負のこの時代、やはり難しいのだろう。

余談が余談を呼び、筆者さえ予断の許さない状況になっている(笑)が、話は元に戻そう。我が家に鼠が住み着いていたという話だ。あれはまだ四行めだったか(笑)！　とまた余談に走るわけにはいかないので、鼠と暮らしていたという話だ。

我が家には数匹の鼠が屋根裏あたりにいたらしく、ごそごそとした音も夜な夜な聴こえてきた訳だけれど、まあ、うまく共存していたのかもしれない。そこまでの被害もなかったと思うが、母は鼠取りを仕掛けたりして、何匹生きた鼠を幼少期の自分の目に入ったかは計り知れない。そんな同居人ならぬ同居鼠も我が家の残飯のなさにびっくりしていたのか、ついに食い物がなくて、

我が家の石けんはよく齧られた跡があったのだ。(今回の内容に出てくる「石けん」は天然油脂１００％使用の無添加石けんのことです)

ぼくはある時期から石けんを使うようになった。興味を持ったきっかけは歯磨き粉。多くの歯磨き粉は使ったあと、柑橘類を食べたり、ビールを飲んだりすると味がなくなる。こういう味覚の経験を感じたことはありませんか？　あれは歯磨き粉のミントのせいだろうとぼくは思っていた。だけれど、どうやら違うということがわかってきたのだ。それが石けん歯磨き粉を使ってみてのこと(実は今は石けん歯磨き粉も使わず、歯ブラシのみですが、ときどき石けん歯磨き粉を使う時もあります)。歯磨き粉の後でもビールは不味くなかった。そのとき石けん歯磨き粉を勧めてくださった方の話によるとドラッグストアなどで普通に売られている歯磨き粉には合成界面活性剤が使われていて、その合成界面活性剤が舌の神経を麻痺させるから味覚が感じられなくなるのだ、と。歯磨きは食後にすることが当たり前なので、もしかすると自分の感じたことは読者のみなさんと共有できないかもしれない。なので、一度試してみてください。

ちょっとひどい風邪をひくと味覚が麻痺することがあるけれど、あれが毎日の歯磨きの後にあると思うとわかりやすいかと

思う。
　その結果が石けん歯磨き粉を選択するということになったのだが、そのときに頭の中で引き出しが開いて、石けんは鼠も食べられるものだということを思い出したのですんなりと入れた。鼠と一緒にするな、という人もいるかもしれないけれど、人間よりはずっと小さな生きものだから、体にダメージがあるものは人間の何倍も大きいはずだと思う。その鼠が食べちゃうんだから、と思うと人間の体への負担は小さいと思ったのだ。
　そこをスタートにぼくの生活の石けん化（なんかこう書くとぼくがマンガ『Ｄｒ．ＳＴＯＮＥ（ドクターストーン）』の物語のように体が石化してしまうようだけれど、そうではなく、石けんの割合が増えるという意味です）が進み、正直なところぼくはシャ

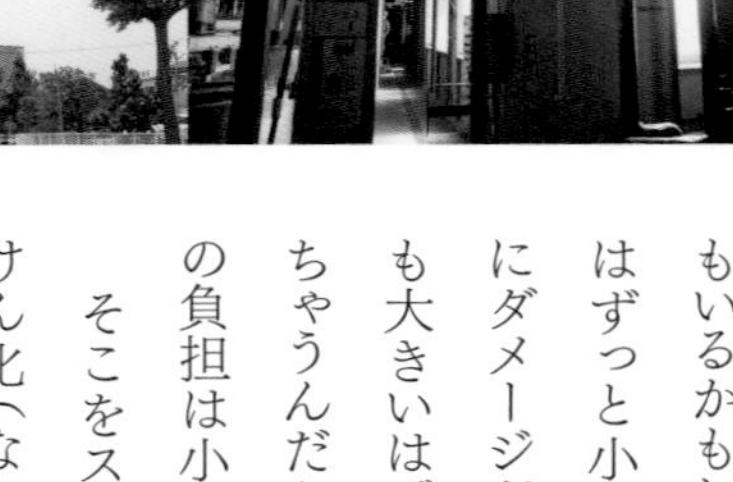

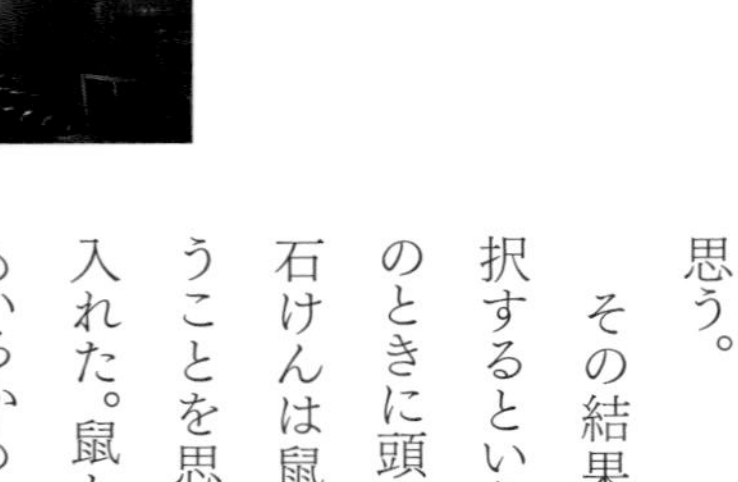

ンプーも使わなければ、食器洗いも中性洗剤も使わず、石けんか米の研ぎ汁で食器も洗っているし、洗濯をするときも石けんで襟や袖の汚れを落としておくし、粉石けんを使うことも多い（石けんで襟や袖を先にもみ洗いすると漂白剤を使わなくても十分白くなると個人的には思っています）。

そこそこに石けんを使う際の注意点もある。だけれど、使い始めるといろんなことがプリミティブになって良いと思う。

石けんを起点に自分に良いことを考える。

前述したように歯磨き粉から石けんライフが始まるのだけれど、そこで、また思い出したことがあった。それは金魚を飼っていたときのこと。水槽に苔が生え始めて中性洗剤を使って洗ったのだけれど、水はきちんとカルキ抜きをしたのに全滅させたことがあった。あれはショックだった。水槽に洗剤が残っていたようだ。ぼくは試したことはないけれど、合成界面活性剤を水槽に一滴入れるだけで金魚は死んでしまうという。もちろん水槽の大きさによって濃度も違うから一概には言い切れないと思うが、一方で、石けんカス（よく垢と間違えられますが、あれは石けんのアルカリ分が固まってできたものです）は金魚が食べるという話を聞いたことがあり、石けんカスを金魚にあげたら、ちゃんと食

べました。

　こういう話を書いていくと思うのだけれど、結果として、他の生物に良いことは人間にも良いのだと思う。ということは地球環境にいいものなのだと思う。地球に良ければ自分にも良いと思って良いと思う。

　石けんライフは歯磨き粉から髪を洗ったり、食器洗いに広がる。そのころから使い始めたのが今回取材に伺った「シャボン玉石けん」。食器洗いを石けんにするといいことが幾つかあるのだけれど、その中でも女性に嬉しいのは食器洗いを終えた後、手が潤っていることだ。冬のカサカサしたぼくの手が食器を洗い終わって手を見るとハンドクリームを塗ったみたいに水が玉になって弾かれている。ちょっとした感動がある訳である。これは実は簡単なことで石けん素地にグリセリンが含まれているから。グリセリンを調べると保湿成分として化粧品や医薬品として使われているというから、まあ、当たり前といえば当たり前なのかもしれない。

　「シャボン玉石けん」のことを少し知るようになるとびっくりしたことがあった。

　「シャボン玉石けん」は釜炊き製法という昔ながらの製法でつくられていて、釜炊き職人がいるそうだ。そして、その釜炊き職人が最後に自分の舌で舐めて石けんのできを見ることで完成する（もちろん、その後型打ちして冷やし固めるのですが）。

　そこで（やっと取材のことに繋がった！ほっ）、今回は北九州にある「シャボン玉石けん」の本社

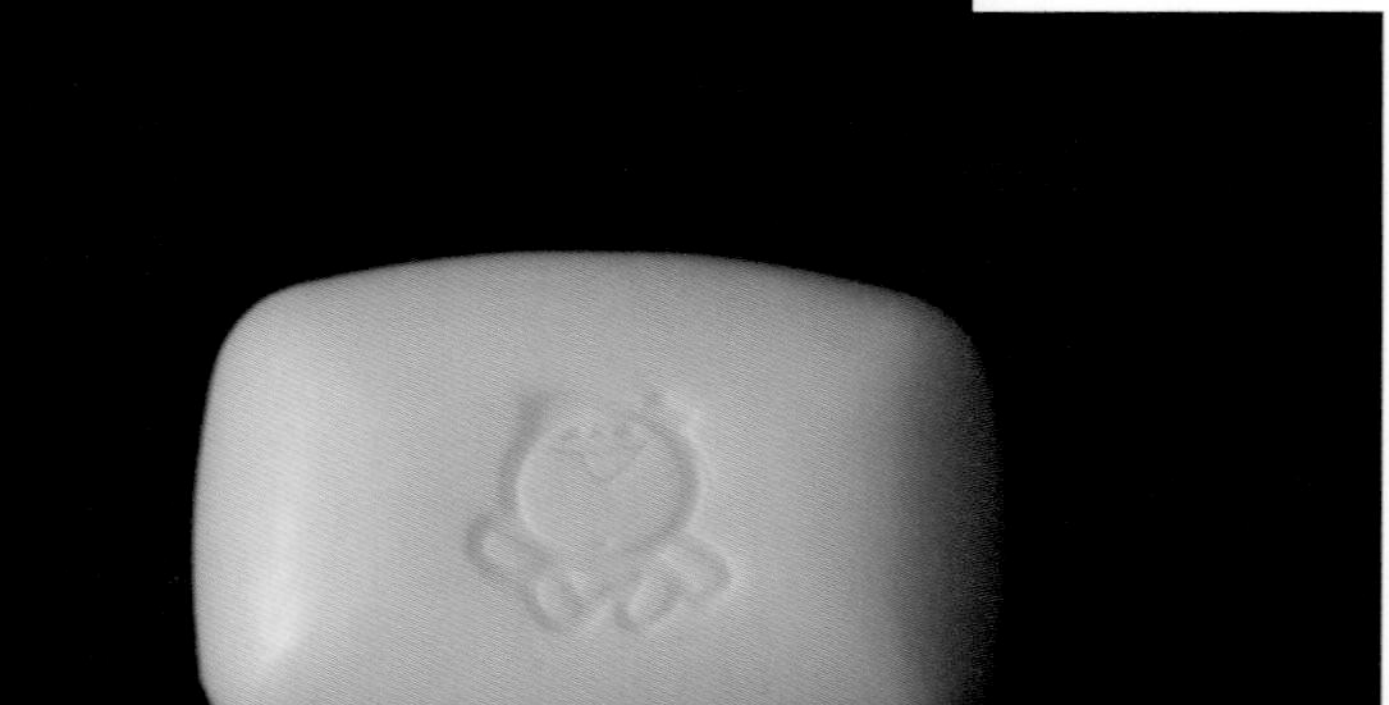

工場に伺って、本当に舐めているのか？　という確認をしてきました（ここから本文も急に「ですます調」）。筑豊線に乗って二島駅という駅におりました。町という感じもなく、小さな川が線路沿いに流れて、不思議な低い橋の下を、体を屈めながらくぐると小さな魚が泳いでいて、なんとものどかです。その橋をくぐるとまるで別の世界に続いていそうです。川沿いには公園があり、天気が良かったのと早く着いて暇を持て余していたのでベンチでちょっと横に……と思ったら、電話で起こされました。シャボン玉石けんマーケティング部の野口直子さんからでした。軽く目をつぶるくらいのつもりが気持ちよくてすっかり寝てました。すぐに走って向かいました。橋をくぐったときから別の世界に入っていて、電話で元に戻されたと勝手に思うことにします。

遅刻のお詫びと挨拶もそこそこに、簡単にお話を伺うつもりでしたが、シャボン玉石けん歴２０年のぼくだったので、ぼくが大体の話をさせていただき、そこに間違いがあれば訂正していただくということにしました。大きな間違いはなかったのですが、50年前のシャボン玉石けんは合成洗剤も販売していてそれがとても売れていた時に、身体に悪いとわかったからには売らないと決め、無添加石けんの製造・販売に一気に切り替えたのは先代の社長からだということを知りました。余談ですが、以前働いていた女性誌の編集部でアンケート取材のようなことをしたら、「シャボン玉石けんの「洗濯槽クリーナー」が本当にごっそり取れて優れものだ！」という声がいくつもあり、興味が湧いて試したら、黒いものがごっそり取れた経験があります。

舐めて完成の現場を見ました！

早速、工場見学です。

結論から申し上げると無添加石けんは舐めて確認していました！　なぜ、舐めるのか？　が大事だと思い少し科学の話を伺いました。

シャボン玉石けんは昔ながらの「ケン化法」と言われる製法です。

「牛脂」「パーム油」「米ぬか油」「オリーブ油」「アボカド油」などの天然油脂を蒸気の熱（蒸気加熱）で煮ます。そこにきれいな水とアルカリ成分である苛性ソーダを入れてさらに蒸気加熱で煮ます。ここでケン化されます。ケン化とは脂肪酸とアルカリ水溶液の中和のこと。さらに攪拌した後、塩を入れ、舌で確認します。「塩析」といわれる工程で石鹸の素の余分なアルカリ分や不純物を分離させて石けんの純度を上げます。ここまでの全工程は1週間かかります。舌で確認する部分はアルカリの残量（多いとピリッとするらしい）を確認しているわけです。とはいえ、そう簡単にできるわけではなく、「釜炊き十年」と言われるくらいの熟練の技です。この工程を機械で数値化することもできるそうなのですが、石けんの元は攪拌しているものの大きな釜で炊くので多少のばらつきがあるかもしれないので、攪拌しながら何回も調べなければなりません。それをするには時間がかかってしまいます。舌で舐めるのが象徴的ではありますが、炊いている油脂の音を聞き、色や状態を目で見て、ニオイを確認し、指で触って、最後には舌でも確認するという、五感を使った繊細な技術があって、それを経験が下支えするという、まさに職人なのだなと思いました。

さらには石けんができる工程（スティック状にして型で打って冷やして完成させる）や歯磨き粉の工程なども拝見して、工場見学を終わりました。

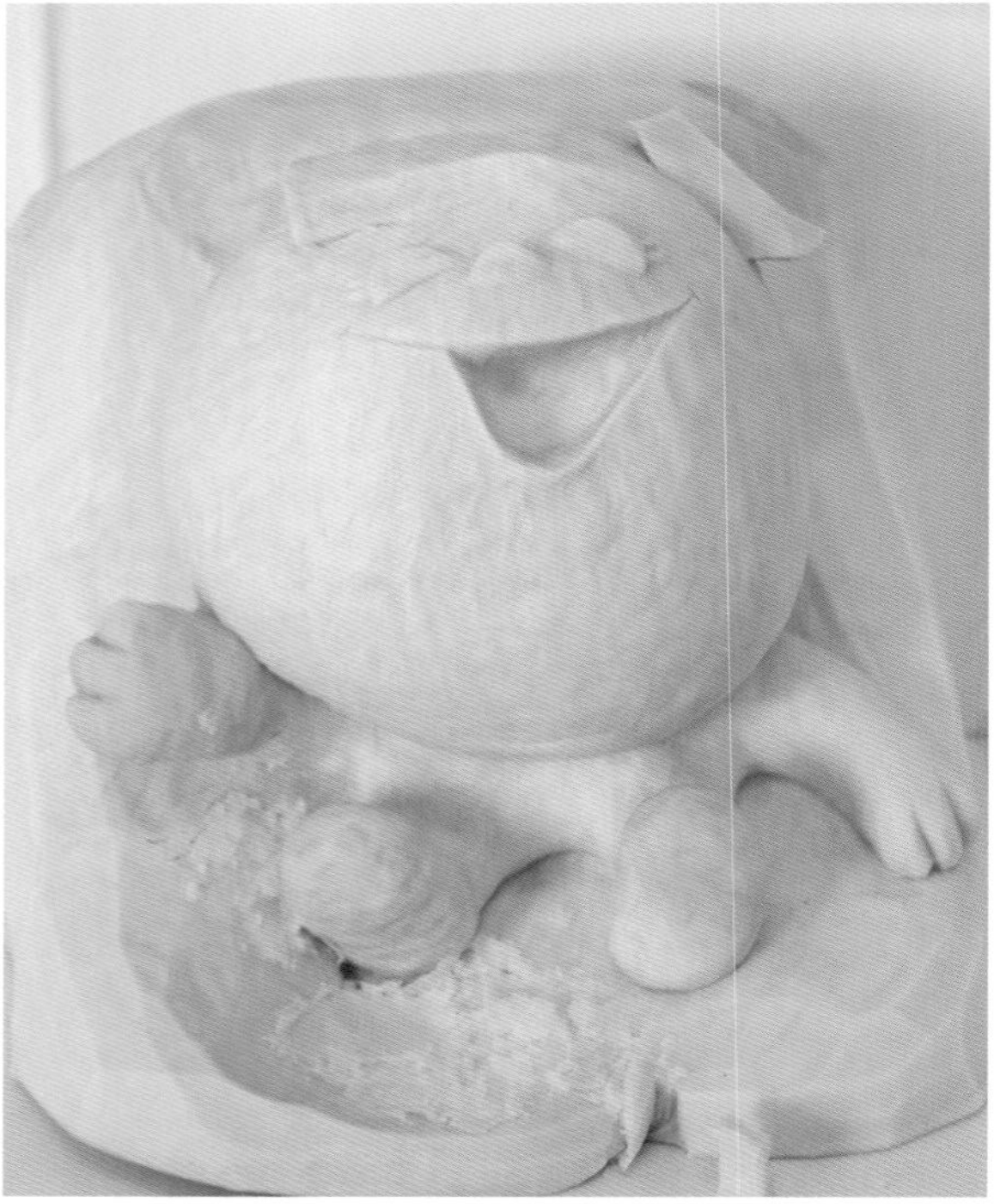

個人的な印象ですが、工場というと大体化学的な匂いがするのですが、この工場では油脂の匂いはあるものの化学的な匂いがしません。

無添加石けんは無香料です。最近、巷でも話題になるようになってきた「香害」も社会問題になっています。シャボン玉石けんは会社全体での取り組みとしていました。

以前はぼくもシャンプーを使うことが当たり前だと思っていたのですが、やはり20年くらい前からシャンプーを石けんに変え